日本が危ない！
一帯一路の罠

マスコミが
報道しない
中国の世界戦略

宮崎正弘

ハート出版

プロローグ

蜃気楼だった一帯一路の夢

▼貿易戦争は「始まり」に過ぎない

米中貿易戦争はホンの序の口に過ぎない。

これは覇権を競う世界史のゲームであり、100年は続くとみておく必要がある。「米中対決」は冷戦への復帰であり、貿易戦争のレベルから、次は確実に金融戦争へ発展する。究極的に米中対決は通貨戦争へと突き進むだろう。

宣戦布告はペンス副大統領の演説（2018年10月4日、ハドソン研究所）だった。内容を注意深く読むと、これは准宣戦布告、或いは最後通牒の類いである。FDR（フランクリン・D・ルーズベルト大統領）が最後通牒をハルノートとして代読させたように、トランプ大統領は自分が行うべき基本方針を副大統領に託した。

2018年11月段階での米中貿易戦争のレベルは関税の掛け合いに過ぎず、米国が中国からの輸入品2500億ドル分に対して10パーセントから25パーセントの高関税を課したところ、中国も報復関税で対抗した。実際に中国では大豆が高騰し、さらに中国の庶民にとっては死活的な食材、豚肉が3割から4割高騰したため悲鳴をあげるに至った。

トランプ政権は抜け道も塞ぐ。

2018年10月17日、ホワイトハウスはUPU（万国郵便連合）からの離脱を検討中とした。

1年ほどかけて交渉し、もし成果があがらなければ米国の郵便制度（米国内は無料配達）を他国が利用して儲け、米国が一方的な負担を強いられているのは不公平だから新しい運搬・配達レートを設定して対応するとし、離脱期限を2020年1月1日とした。まさにアメリカ・ファースト政策の一環だ。

米国がここまで徹底するとは想定外である。全米商工会議所はただちに歓迎声明、なぜなら流通を担うのはUSPS（米国郵便公社）のほかにFedEx、DHLなど、国外からの荷物を万国郵便制度の義務から米国内では無料で配達してきたため不満が募っていた。USPSは赤字が累積しており、3万人の解雇、土曜配達中止など削減措置をとってきたため、サービスの低下を招いてきた。向こう10年でさらに230億ドルの赤字が予想されている。

UPUは1874年に制定され、現在、アンドラ、台湾などをのぞき192カ国が加盟している。この制度の下では、たとえば日本で切手を貼った国際郵便物は相手国で無料配達が義務づけられている。

この制度を活用するのが、例によって「あの国」。事実上の貿易に転用し小口貨物に分けて大量に発送し、米国の配達は他人の褌を利用する。実質的なビジネスを展開しているのだ。「これは中国の対米黒字3750億ドルの統計以外のものであり、不公平極まりない」とトランプ政権は不平を述べた。

その舌の根も乾かない裡《うち》にトランプは米国へ来て出産し国籍を得ようとする不法に対して、出生地主義も見直すと発言し、中国人の妊婦らを驚かせる。

貿易戦争の次に予測される米中対決の第2幕は金融戦争だ。具体的に何が起こるかと言えば、中国企業並びに個人の在米ドル資金凍結とドル取引停止である。その前に金利を巡って「チャイナ・プレミアム」を市場が課す可能性が高い。中国のドル資金調達を難しくするのだ。

これが発動されると中国は全面的に貿易決済が成立せず、海外送金も出来なくなる。中国経済は間違いなく沈没する。11月に発動されたイランへの経済制裁と同じレベルの強硬措置だ。

第3幕はおそらく通貨戦争＝「プラザ合意2・0」となる。人民元は国際通貨の役目を果たせず最終的に行き詰まってしまうので、それを逸らすために本格的な戦争に打って出る危険性がある。台湾は軍事緊張を強いられ、また尖閣諸島防衛に日本は軍備強化の方向にある。

▼宣戦布告はすでになされた

ペンス副大統領演説の特徴は次の5つである。

第1に従来の中国警戒姿勢から明確な「敵視」へ変更したことで、これは180度の外交転換である。ところが直後に訪中した安倍首相は「競合から協調へ」、「シルクロード（一帯一路＝ＢＲＩ）へ協力し、日中通貨スワップを拡大」などと米国とあべこべの姿勢を示したため米国から懐疑の目で見られる。

ペンスは演説でまず「米国はハッカーを攻撃型へ切り替える」と宣言した。つづけて米国ハイテク企業の買収を禁止し、ついでに戦略的な地域の不動産買収も禁止、産業スパイの摘発を厳格化し、さらには留学生ビザも5年から1年に短縮し、不法移民を叩き出すとした。

第2に「中国がトランプ以外の大統領を望み、中間選挙に介入している」と非難し、返す刀で「メイド・イン・チャイナ２０２５」は究極的に軍事力の拡大であり、ウイグル人弾圧に見られるような自国民の抑圧、弾圧に制裁を加えるとした。しかも中間選挙結果は、共和党が上院で過半数を確保したので、外交、国防、予算に関しての政策変更は考えにくい。トランプは規制方針通りに突き進む。

第3に習近平の対外政策の目玉「一帯一路」に批判的で、これは「借金漬け外交」だとし、米国は「インド太平洋戦略」を用いて対抗すると明言した。実際に中国敵視政策は25パーセントの高関税適用政策と併行して既に企業買収阻止などで開始されている。

たとえば中国のＩＴ企業・アリババやシンガポールのブロードコム（中国のダミー企業）による米企業の買収を、トランプ大統領が国家安全保障を理由に阻止した。

また、軍事技術に直結する産業分野の規制強化に踏み切った。これは明らかに中国を対象としている。

中国の産業スパイの摘発も強化された。これまでにも数人の中国軍人のスパイ行為を摘発してきたが、ベルギー当局に身柄拘束を依頼してきたシュ・サンジュン容疑者が10月9日に米国に引き渡され、米国司法省は訴追を決定した。これは国境を越えたスパイ摘発の珍しいケースとなった。シュ容疑者はGEアビエーションの技術者などを中国に招待し、ハイテクの機密などを入手した疑い。中国のエージェントは巧妙な罠を仕掛けて、ハイテク開発や研究に携わる欧米の学者を講演旅行と高額の謝礼で釣って、ハイテク技術を次々と手に入れてきた。日本人学者もおそらく相当数が中国に招待され、ハニートラップに引っかかったことだろう。

そして12月1日、ファーウェイの財務責任者兼副社長の孟晩舟を、カナダ当局に拘束させるに至った。孟は創業者の任正非の娘だが、国家公安部幹部でもありスパイ容疑濃厚である。

▼中国は世界で四面楚歌

世界中に中国への不信感が拡大した。

きっかけは2018年5月の「マハティール・ショック」で、その影響は激甚だった。

マレーシア選挙で親中派のナジブ首相が「まさかの落選」、93歳のマハティールが首相復帰、中国の事前の想定にはまったくなかった事態となったからだ。

政権発足直後、マハティールは中国主導の「新幹線プロジェクト」中止、「ボルネオのガスパイプライン工事」中止を発表した。総額230億ドルを超える「一帯一路」プロジェクトの目玉の1つだった。

マハティールは、つぎに中国の投資家へ警告を発した。「フォレストシティへの外国人投資を禁止する。不動産投資移民にはヴィザを発給しない。われわれは外国の植民地ではない」と発言し、中国人の投資家にとっては無駄な投資となる怖れが高まった。「あそこは、その名前の通り猿やオランウータンの楽園にすれば良い」とマハティールは訴えてきた。

フォレストシティはシンガポールとの西端国境近くに70万人の高級団地、人工都市を造ろうというもので総工費1000億ドル。民間企業のカントリーガーデン（碧桂園）が造成・建設し、販売も担い、すでに最初の1区画は1万戸を販売、購入した80パーセントが中国人だった。マハティールのいう「投資家ヴィザ」とは、「5年間マルチ」という特権的な待遇を保証したもので、外国人がセカンド・ハウスとしてマレーシアで物件を購入すれば機械的に与えられた。デベロッパーの碧桂園はマレーシアでも他に数件の巨大プロジェクトを成し遂げており、従業員7万人、売上高200億ドルをこえる。

マハティール首相の老練さ、中国を正面から批判せず、国内の劣悪な財政環境と前政権に責任を転嫁して、中国との交易の拡大はお互いの利益のために発展させるとポーズをとった。

「マハティール・ショック」は周辺国へ「TSUNAMI（津波）」となった。

パキスタンでもイムラン・カーン新政権が発足し、中国からの借金体質を見直すとした。CPEC（中国パキスタン経済回廊）は西南のグワーダルから新疆ウイグル自治区まで鉄道、ハイウェイ、パイプライン、光ファイバーを敷設し、総工費620億ドル。パキスタンは中国からの借金に頼ったが、2019年までに償還期限がくる150億ドルの調達見通しはなく、カーン政権はIMFとの交渉に入った。

インドの南端からインド洋に散らばる島嶼国家モルディブでも同年9月の大統領選挙で親中派のヤミーンが大敗北を喫し、インドの支援を受けたソリが政権の座に就いた。

空港拡張と海上の橋梁工事など17のプロジェクトに13億ドルを中国から借りているが、「借金の罠」に国民が反発した（モルディブのGDPは30億ドルしかない）。

こうして、アジア諸国に「反中ドミノ」が拡がった。

中国の「一帯一路」は、英語名をBRI（Belt Road Initiative）と

いう。

BRIの全体像は構想の合計が8兆ドル（「言うだけ番長」かも）、実際に稼働しているプロジェクトに約束された支出が1兆ドルと推定される。

ところが完成したのはイスタンブール—アンカラ間の高速鉄道、スリランカのハンバントタ港（第1期工事）、パキスタンのグワーダル港（第1期）。ジブチの軍事基地。トルクメニスタンからのパイプライン、南スーダンの原油鉱区からポート・オブ・スーダンまでのパイプライン、ミャンマーのチャウピューから雲南省へのパイプライン、タジキスタンの発電所、キルギスの小規模なインフラ整備、カザフスタンの免税特区など少数である。

既存の設備買収に成功した例はギリシアのピレウス港、ドイツのデュッセルドルフ近くの飛行場。東ティモールのコンテナ・ターミナル。コンゴ民主共和国のコバルト鉱山などだ。

一帯一路の一環として、工事中は無数にあり港湾工事だけで世界中に42のプロジェクト（ミャンマーのチャウピュー港、スリランカの沖合人工島、ラオス新幹線……）、そして着工はしたものの完成は覚束ないとされるのがインドネシア新幹線、タイ新幹線、バングラデシュのチッタゴン港整備、モンテネグロの高速道路、旧ユーゴスラビアの南北を一貫する鉄道……完成間近だったのに、その後の政変で決着が付いていないのはリビアにおける100のプロジェクト、ジンバブエの鉱山開発。シエラレオネでは内戦とエボラ熱発生で一帯一路プロジェクト全てが

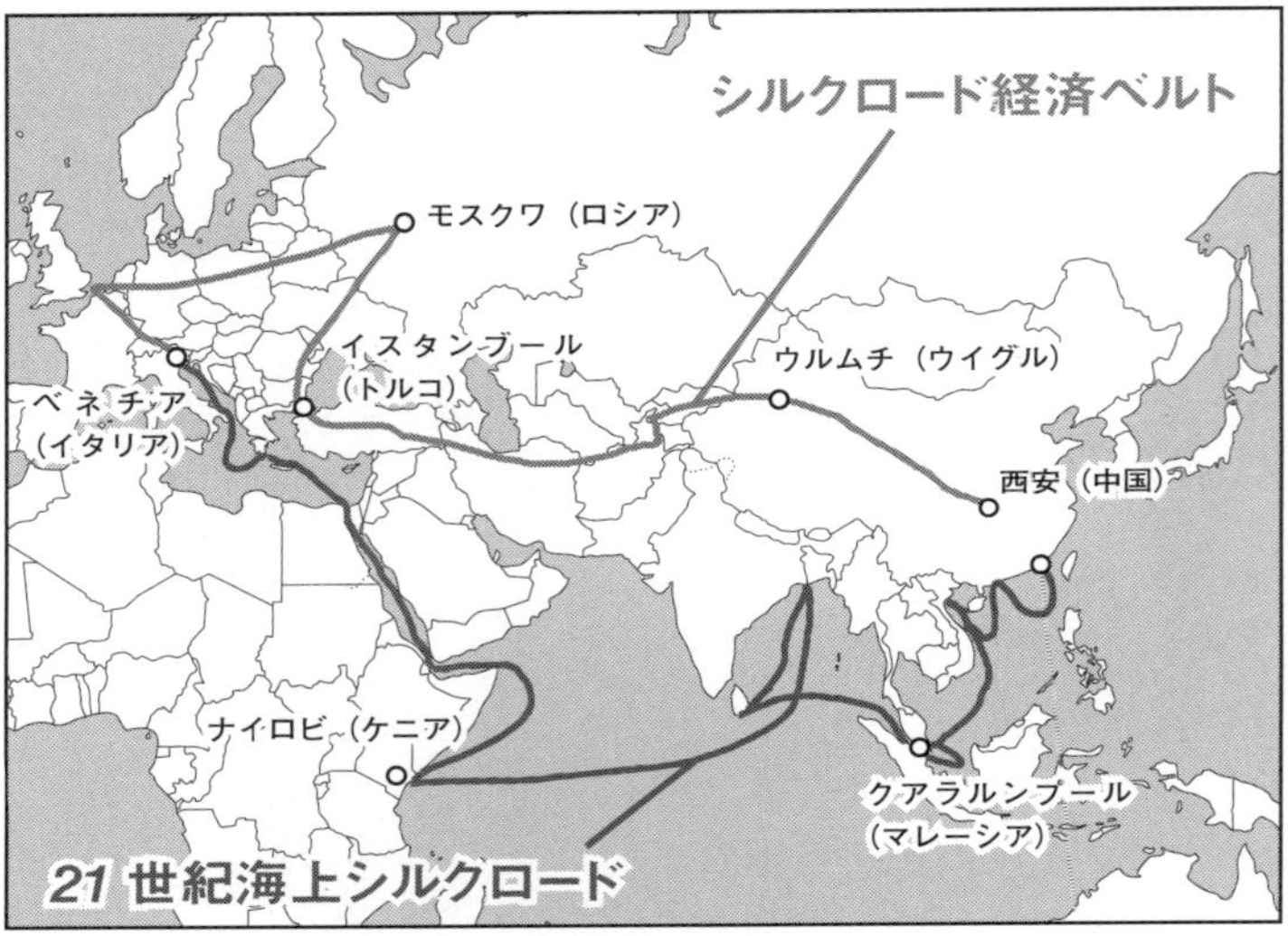

中国の「一帯一路」計画イメージ地図

中止となった（２０１８年10月5日、反中派のジュリアス・ビオが大統領に当選）。

法螺話だけで宙に浮いているプロジェクトはアルゼンチン―チリをアンデス山脈にトンネルを掘って繋げる新幹線、ヒマラヤをくぐり抜けるラサ―カトマンズ間の新幹線、エルサルバドルの港湾、ベトナムの工業団地、フィリピンのマラウィ都市計画、バイカル湖の水パイプライン。インド投資は習近平訪印で２００億ドルと大風呂敷を拡げたが事実上ゼロ。アフリカ諸国への向こう3年間で６００億ドル投資構想も風呂敷におわりそうだ。

　正式に中止となったのがニカラグア運河、ベネズエラ新幹線、マレーシアの新幹線（20パーセント完成で中止）、２０１８年10月現在、正式にキャンセルされたプロジェクトへの既支出合計は300億ドルとなる。

これだけでも無惨な数字がならぶ。

そのうえ近未来に焦げ付きが予想され、すでに事実上「不良債権」と考えられるのがCPCE（中国パキスタン経済回廊）の620億ドル、ベネズエラの石油鉱区開発（450億ドル）、マレーシアの新幹線とパイプライン工事が230億ドル、モルディブの海上橋梁、空港拡張など17件の13億ドル、モンゴルの交通アクセスそのほか多数がある。

▼西側のアキレス腱を衝け

例外はミャンマーである。

ミャンマーにおける中国の投資はむしろ加速している。最大の理由はロヒンギャ問題で国際的な非難を浴びてミャンマーが孤立したからだ。これを千載一遇のチャンスとして食い入ったのが中国だった。

中国は「ミャンマー政府の立場を理解する。ロヒンギャ問題の根っこは英国の植民地政策の残滓であり、むしろミャンマーは犠牲者である」と言って冷淡だった両国関係を一気に修復し、大々的な投資先として選択した。

その戦略的目標はバングラデシュと国境を接する北西部のラカイン州（現地ではアラカン州とも発音する）だ。ベンガル湾に面した古都、シットウェーまでヤンゴンから高速道路を造成中である。シットウェーには仏教寺院に加えてイスラム寺院もあったが、焼き討ちされた。バングラデシュとの国境、ロヒンギャの居住地にもっとも近い地域だ。中国は治安を気にしないで、戦略的に重要ならば強引にアクセスを確保しようとするのだ。

ついでベンガル湾に突き出したチャウピューである。

ミャンマーの外洋に飛び出すような地形はインド航路の要衝であり、このチャウピュー周辺に中国は港湾を整備し、コンテナ・ターミナル、保税倉庫、経済特区、そして住宅、病院、大学などを建設するという壮大な青写真を提示して弱り目のスーチー政権を揺らした。この地区はガスパイプラインの起点でもあり、雲南省昆明へいたる１４００キロの工事はすでに２０１６年に終了し、中国へのガス輸送は開始されている。

チャウピューはベンガル湾とアンダマン海に突き出すラムリー島の北端に位置する深海の港である。２０１４年、ミャンマー政府はここを「経済特区」に指定し、国際入札による大開発を決めた。沖合では天然ガス発掘・生産が操業しており、中国がパイプラインを敷設していることは述べた。附帯する工業団地は１７００ヘクタールもの広大な土地だ。進出企業には税制の優遇措置が付与されるため外資誘致の受け皿となると唱われた。しかし入札に応じたのは中国のＣＩＴＩＣ、インフラ大手の中国港湾工程、そしてタイ財閥のチャロン・ポカパン（ＣＰ）グループなどしかなく、日本企業はアクセスの悪さに二の足を踏んだ。

中国は敷地内に１０００ヘクタールの工業団地を造成し、20フィートコンテナ換算で年間７００万個を処理できる、ミャンマー最大の港湾施設を整備するとした。

中国にとって、チャウピューはエネルギー安全保障上の要衝であり、雲南省昆明に繋がるパイプラインの起点だ。このルートはマラッカ海峡経由の既存ルートに比べ、輸送時間を大幅に短縮できるとし、チャウピューでの足場固めを急ぐわけだ。そこで著者は、この小冊のゲラを抱えながら現場を見に行ったが、プロジェクトの影も形もなかった。

日本は首都ヤンゴン近郊のティラワに工業団地を造成し、拠点化を急いでいる。工事はほとんど完成、周囲にはホテルや単身赴任者用マンションもできている。

ミャンマーで次に重要となるのは南東部のダウェーである。アンダマン海に面するミャンマーの要衝だが、首都ヤンゴンから６００キロも離れているため経済開発から見捨てられていた。むしろ乗り気なのはタイである。バンコクから西へ道路整備を進めると２００キロほどでヤンゴンより近い。タイが貿易港として利用できるため、このダウェーに経済特別区開発が進められており、日本が協力することが決まっている。具体的にはタイの企業に出資するかたちで開発に協力する。国際輸出入銀行の融資が決定している。

筆者はこれら全ての国々を訪ね、多くの現場を見てきた。陳腐な表現だが、見ると聞くでは大違いである。最初は中国全33省すべてを回り、長距離バスに揺られて奥地、それこそロシア国境の満洲里、黒河からベトナム国境、ラオス国境奥地にも足を延ばした。次にASEAN10カ国と加盟申請中の東ティモール。そしてインド経済圏の7カ国（ブータン、モルディブも含む）、同時にロシアならびに旧ソ連衛星圏だった東欧とモンゴルなど合計30カ国。合わせると48カ国になるが、これら全てを回るのに10数年を要した。実際に現場に立って目撃したので、自信を持って読者に報告ができる。

いったい習近平の唱える「一帯一路」とは何だったのか。

かの鄭和艦隊（世界中を航海してデモンストレーション効果だけで終わり、その後、明は鎖国）の二の舞を演じて、「中国の威光」を瞬間的に見せつけ、やがて虹のように消滅するだけなのか。たしかに蜃気楼を見た。けれども同時に「はい、さようなら」という結果が透けて見えてきたのではないのか。一帯一路は「世界中にゴーストタウンを輸出した」と後世の歴史家は総括することになりそうである。

中国国内を見ても、内蒙古自治区の西部オルドスのカンバシ新区は100万都市を現実に建設したが廃墟となって世界中から嗤われた。50万人規模のゴーストタウンは貴州省貴陽、遼寧省鞍山、江西省九江、重慶など無数、空き屋となっているマンションの数が1億3000万戸。

誰もこないショッピングアーケードの典型は「革命聖地」といわれる陝西省延安、雲南省大理、広東省東莞などこれまた無数。なにしろ造作したテーマパークはあちこちで閑古鳥、すぐ倒産したところも数えきれず、要するにゴーストタウン建設に鉄鋼、セメント、建材、そしてクレーン、ブルドーザー、生コンミキサーなどを投下し、労働力を地方都市、農村からかき集めて奴隷のように酷使したあげくに賃金不払い、鉄鋼の在庫は山を築き、石炭の貯炭場では発火、化学工場は爆発し、セメント工場は稼働をやめ鉱山は閉鎖された。内蒙古自治区の包頭などでは地下鉄工事も中止ときまった。

この過剰在庫と失業の処理が一帯一路だったことは火を見るより明らかである。無理矢理資金を貸し付けて、海外へ在庫と失業を輸出したのだから。

この人類はじまって以来の壮大な「快挙」（愚挙）は近いうちに海の藻屑となるだろう。

目次

第3章　アジアに拡がる反中運動／77

第4章　世界各地で中国批判の大合唱／119

第1章

傲慢チャイナの暴走は続く

▼アフリカに3年間で7兆円弱？

習近平の鼻息はとてつもなく荒かった。

傲慢極まりない態度で、周囲を睥睨《へいげい》するかのような振る舞いが露骨だった。２０１８年10月に北京で開催した「中国アフリカ経済フォーラム」の席上、習近平は「向こう3年間で６００億ドル（邦貨換算およそ6兆７０００億円）を投下する」などと前代未聞の大風呂敷を拡げた。金額が桁違い、ゼロが２つ多いのではないかと目と耳を疑った。

3年前にも同額を供与すると約束しており、実行されたのは88億ドルに過ぎないという統計もあるのだが、過去の実績には触れないのが中国の特技である。この温かい援助の申し出に対して、実態はと言えば、アフリカでも中国への反感はつのる一方なのだ。

アジアに拡がった「借金の罠」論が、各地で事ある毎に開催される世界会議やＳＮＳのネットワークで世界の奥地にまでちゃんと伝わっている。

とくにアフリカのタンザニア、ケニアでは農地が担保となってまんまと巻き上げられ、コンゴ民主共和国では中国によるコバルト鉱区企業の株式取得の結果、コバルト価格は4倍になった。ジンバブエなどでは鉱物資源、コートジボアールはダイヤモンド鉱区が、ナイジェリアは石油鉱区などが担保で抑えられた。11月には、ウガンダでも反中暴動が起きた。

マレーシアのマハティール首相が中国主導の「一帯一路」プロジェクト工事をすべて中断し、「われわれは中国の植民地ではない」としたが、そうした反中暴動が世界各地で頻発するようになった。

最初は「過剰在庫と失業の輸出」に目的があった。ＡＩＩＢ（アジアインフラ投資銀行）について「サラ金」と譬喩《ひゆ》した大臣がいたが、「阿漕な高利貸し」というのが実態だった。その実相が世界中で暴露された。

米政府高官が警告した。

「一帯一路は対象国の資源略奪だ」。この発言は、歴とした米政府国際財政発展局長から飛び出したものである。「その狙いは港湾、レアアース、鉱物資源」と語った。

そこで原文にあたると、「Ｐｒｅｄａｔｏｒｙ」。これは明瞭に「略奪」を意味するが、こうした語彙を用いた米政府高官の存在は、全米のムードも国を挙げて反中感情が常識でもある証明になる。

筆者は「一帯一路」の英訳「ＯＢＯＲ」（Ｏｎｅ　Ｂｅｌｔ　Ｏｎｅ　Ｒｏａｄ）を、中国が突然、「ＢＲＩ」（Ｂｅｌｔ　Ｒｏａｄ　Ｉｎｉｔｉａｔｉｖｅ）と言い直したとき、それは「すべての道はローマに通ず」を象徴するＯｎｅ　Ｒｏａｄという覇権主義的ニュアンスを持つ語感が欧米に与える悪印象を避けるためだろうと推測した。

剛胆にみえた中国の、野放図な投資は当該国の港湾や資源鉱区の担保が究極の狙いであり、当該国が借金を返せないとわかると担保を取り上げる。その典型例がスリランカだった。

スリランカのハンバントタ港は99年、パキスタンのグワーダル港は43年の租借となった。ジブチには中国の恒久的な軍事基地が建設された。モルディブが幾つかの岩礁を租借地としなければならないのは時間の問題、そして次はミャンマー、バングラデシュが狙われている。

米政府系の海外協力機構にOPIC（日本におけるJICAのような組織）のレイ・ワッシュボーン総裁（CEO）は、「中国の投資先の国々が安定した歳入を得るためのインフラ構築ではない。供与しているローンは政治的な保険であり、当該国の財産が目当てである」と明言した。日本のJICA総裁の北岡伸一（前東大教授）に同様な発言を期待できるだろうか？

中国の軍事力が米国をしのぎ、中国のGDPが米国の3倍となる日が来るとメディアは恐怖を煽る。

2025年に中国のGDPは米国と並び、そのために「メイド・イン・チャイナ2025」プロジェクトを推進し、2050年には完全にアメリカを凌駕する、というのが中国の戦略目標である。

湯浅博『中国が支配する世界』（飛鳥新社）には「パクス・シニカへの未来年表」という副

題が付いている。中国がいずれGDPで米国に追いつき、やがて中国の軍事力が米国をしのぎ、ついには中国のGDPが米国の3倍となって世界のヘゲモニーをにぎるというフランケンシュタインが支配するような暗い世界への道程を示した。それに対して日米欧はインド、カナダ、豪、ニュージーランド等とともに、如何にして中国の野望を燃やす全体主義国家と対峙するのか。

湯浅博氏は中国の基本姿勢をつぎのように言う。

（ソ連が崩壊し、マルクス主義イデオロギーが消えたため）底辺から湧き上がる社会不満に直面した（中国の）赤い支配者は、ソ連崩壊で朽ちゆくイデオロギーの代わりにナショナリズムに訴えかけた。愛国主義を煽り、国家の敵（日本のこと）をスケープゴートに緊張を高め、13億8000万人を一体化させることに成功した。次に描くのは、未来にむけた「中華民族の夢」へと誘うことであろう。人々を豊かにするだけでは、やがて共産党の国内統治が難しくなるとの保身からでた知恵である。

だが中国の目標は達成されないだろう。

中国の軍事力が米国をしのぎ、中国のGDPが米国の3倍となるなどと日米欧にとっては悪夢に他ならない。

中国大陸を共産党が支配する限り、経済的な重商主義と地政学的な修正主義という野心を撤回するとは思えない。人間の自然の営みに反する共産党支配の独裁体制を、権力者と特権階層が無理に維持しようとするからである。

湯浅博『中国が支配する世界』（飛鳥新社）

中国にとって騙しやすく赤子の手をひねるように扱いやすかった（そのうえ、金に汚かった）オバマ政権を全否定するトランプ政権が、いよいよ本格的にシナ征伐に立ち上がって、まもなく日本の大衆政策も全面的な修正を迫られることになるだろう。

ダイアン・ファインスタインという極左の上院議員はカリフォルニア選出で、議会歴26年という強者女傑だが、この議員秘書として20年間、裏では反日運動の焚きつけ役でもあったラッセル・ロウという中国系アメリカ人は「中国のスパイ」だった事実が判明した。慰安婦像を推進したのは「慰安婦正義連合」という組織だが、このスポンサーは「社会正義教育財団」で、このロウが事務局長なのだ。米国の一部の学校で「慰安婦教育をしているのも、この社会正義教育財団」（韓国『中央日報日本語版』4月20日付）である。

ソウルの日本大使館の前でデモをやっている「挺対協」の幹部、日本でも「女たちの戦争と平和資料館」の左翼活動家ともロウが面会している事実が判明している。また反日家のマイケル・ホンダ前議員ともソウルを訪問している。

しかしワシントンの空気はがらりと反中に代わり、中国制裁はいまや共和・民主党を問わず超党派のコンセンサスである。

▼国連の檜舞台でも中国の影は薄くなった。

2018年9月、トランプ大統領は国連で演説した。続いて安倍首相の演説のあと、9月28日に王毅外相が一般討論演説を行った。

まるで虚ろな音色、反応は冷たかった。その1年前のダボス会議ではTPP脱退、パリ協定離脱の米国を尻目にして、「われこそは自由貿易の旗振り」などと大ボラを吹いても拍手された習近平の演説からさほどの時間は経過していない。

にもかかわらず中国代表の国連演説は空しく響き、中国への期待が世界的規模で色褪せてしまった状況変化を露わにした。

王毅は米国の対中制裁関税強化を念頭に「中国は恐喝されないし、圧力にも屈しない」と大見得を切り、「貿易戦争」の様相を強める米国との摩擦で妥協しない姿勢を示した。

王毅は「国際貿易はゼロ・サムゲームではない。保護主義は自身を傷つけるだけであり、一方的行動はほかの国々に被害を与える。中国は対等な立場での対話や協議を通じたルールに基づき、適切な合意を支持する」とした。

もっとも保護貿易主義の国が、自由貿易を訴えるのはポンチ絵。中国の立場がいかに弱まったかを象徴した演説だった。しかしその後、中国は自らの暴走に気がつき、11月初旬のシンガポール「ブルームバーグ世界経済フォーラム」で基調演説に立った王岐山・国家副主席は「いつまでも対立を続けるわけにはいかない。妥協点を探る」として方向転換を示唆した。

12月のリオデジャネイロにおけるG20の合間をぬって、米中首脳会談が行われ、90日間の休戦となったが米国は新しい中国制裁を準備中である。貿易における制裁をこえて、次は人権問題である。

とくにウイグル人の弾圧に「新しい制裁」を準備している。プロテスタントの米国は宗教への弾圧に敏感で、中国国内ではキリスト教会が圧迫され、十字架は壊され、聖書が焼かれたことに憤慨してきた。

香港のカソリック教会枢機卿であるジョセフ・ゼンは「バチカンは中国国内1200万人のキリスト教信徒を絶滅させようとしている」として、激しくバチカンのフランシスコ法王を批判した。

「もし私が漫画家なら、ローマ法王が、あろうことか習近平にひざまずいて『どうか私をローマ法王と認定して下さい』と懇請している構図のものを描くだろう」とフランシスコ法王の異常なやり方を非難する。カソリックの枢機卿が法王を批判したのである。

現在のローマ法王フランシスコはイエズス会出身の異端児、そのうえアルゼンチン出身でイタリア留学組である。南米はカソリックの王国であり、プロテスタントは少なく信徒の大市場ゆえに選ばれたという説も流れたが、法王に着座以来、キューバを訪問したり、正教会と和解したり、イスラム教とも対話を推進するなど型破りの行動を取ってきた。特筆すべきはアルバニア訪問だった。この無神論の国へ赴いてマザー・テレサを追悼するミサを行ったのだ。そういう法王ゆえに、中国のキリスト教徒を巨大な「マーケット」と見立てるのだ。

バチカンはすでに中国共産党と暫定合意を結んでおり、中国共産党が任命した地区の司教をバチカンが追認するという破戒的な合意を承認、世界中のカソリック信者をがっかりさせた。台湾はすぐさまカソリック司教をバチカンに派遣した。しかしローマ法王はすげなく台湾への招待を断ったため、外交観測筋はバチカンが近く台湾と断交し、中国と国交を開くかも知れないと予測する。

中国国内のキリスト教徒は推定6000万人、カソリックはこのうちの1000万人から1200万人と見積もられているが、中国共産党御用達のキリスト教会に背を向け、大半の信者は地下教会に通う。

蔡英文政権発足以来、台湾と断交した国々は5カ国。ところが米国は最近になって台湾と断交したドミニカ、パナマ、エルサルバドルから大使を召還し、一方で台湾への梃子入れが顕著である。駐台北の米国大使館（米台交流協会）の警護は海兵隊が行い、トランプ政権は「台湾旅行法」の制定以来、台湾防衛を鮮明にして武器供与を加速化している。これは米国のバチカンへの無言の圧力である。

そのうえ10月4日のペンス副大統領の宣戦布告的な演説のなかに「中国はキリスト教会を破壊し、聖書を焚書し、信徒を激しく弾圧している」との文言がある。中国政府の公式発表ではプロテスタントの信者がおよそ3600万人で、アジア最大のキリスト教市場でもある。

キリスト教徒の多い米国では、これまでウイグル人弾圧にそれほどの関心がなかったが、キリスト教徒への弾圧を聞いて、中国への敵愾心はさらに高まった。

「信仰の自由は憲法で保障されており、米国は中国の主権に介入するな」というのが中国の公式的反論である。

新疆ウイグル自治区では外国留学から帰国すると強制収容所（中国は「再教育センター」と呼ぶ）にぶち込まれ、共産党の「正しさ」をみっちりとたたき込まれ、ウイグル語の会話は小学校から禁止されている。最近はウイグル人女性はウイグル人男性との結婚を認められないという。まさに手の込んだ「エスニック・クレンジング」（民族浄化）だ。

新疆ウイグル自治区では、辻々に検問所があり、IDカード提示を求められ、忘れると買い物にも行けない不便な生活環境に落とし込まれた。最近では留学生ばかりか、米国にいる兄妹を訪ねて帰国すると、やはり強制収容所にぶち込まれた。

北京のシオン教会（プロテスタント）が監視され、信者の抗議行動が断続し、河南省などでは「政府の認めない地下教会」の取り壊しが進んでいる。なかには十字架も破壊され、聖書は積み上げられて焼かれた。

こうした人権弾圧に怒りの声をあげたのはキリスト教の信徒ばかりではなかった。米議会が大統領に書簡を送ったうえ中国へのつよい制裁を求める法案をまとめた。

またカザフスタンでは、となりのウイグル自治区から逃げてきた元政府職員の不法入国裁判に関心が集まった。この女性職員はさきにカザフスタンへ移住した夫と子供を頼って国境を無断で越えたのだが、「強制送還をしないで欲しい」と訴え、強制収容所の実態を暴き、「強制収容所には2500名のカザフ人がいる」と証言した。このため俄に国際的注目を集めた。

マレーシアではタイの収容所から脱走してきたウイグル人11名を彼らが亡命希望したトルコへ送り届けた。

インドネシアでは北スマトラのタンジュン・バライで「反中国暴動」が発生し、中国人の商店、寺院などが襲撃された（2018年9月）。北スマトラは治安が悪く、2013年にも刑務所で暴動がおこり、3月と7月には囚人数百人が脱走した。インドネシア第2の都市スラバヤではキリスト教会が襲撃され、放火されるなど安心できる場所が少ない。

ともかく中国に対する世界の空気ががらりと変わって習近平の唱える「一帯一路」の前途には暗雲、雷雲が拡がった。

▼パナマ運河のすぐ北に米国の安全保障を脅かす運河を造成するって本当か？

中国が香港企業のダミーを駆使して「ニカラグア運河」の建設をぶち挙げた時、米国はせせら笑っていた。世紀の大工事、パナマ運河を凌ぐ？

パナマ運河を実質的に運営する米国にとって中庭を泥靴で汚されるような、脅威と思われるプロジェクトである。にもかかわらず、なぜか米国は余裕綽々でみていた。

ニカラグア運河は東西259・4キロ、このうち105キロが湖沼地帯なので、実際の運河掘削工事は150キロ弱。大型コンテナ船、40万トン級のタンカーも通行可能とされ、総工費500億ドル（ちなみにニカラグアのGDPは80億ドル）。

ニカラグア運河建設に応札した香港企業は面妖なIT産業で有利子負債が巨額、ニカラグア

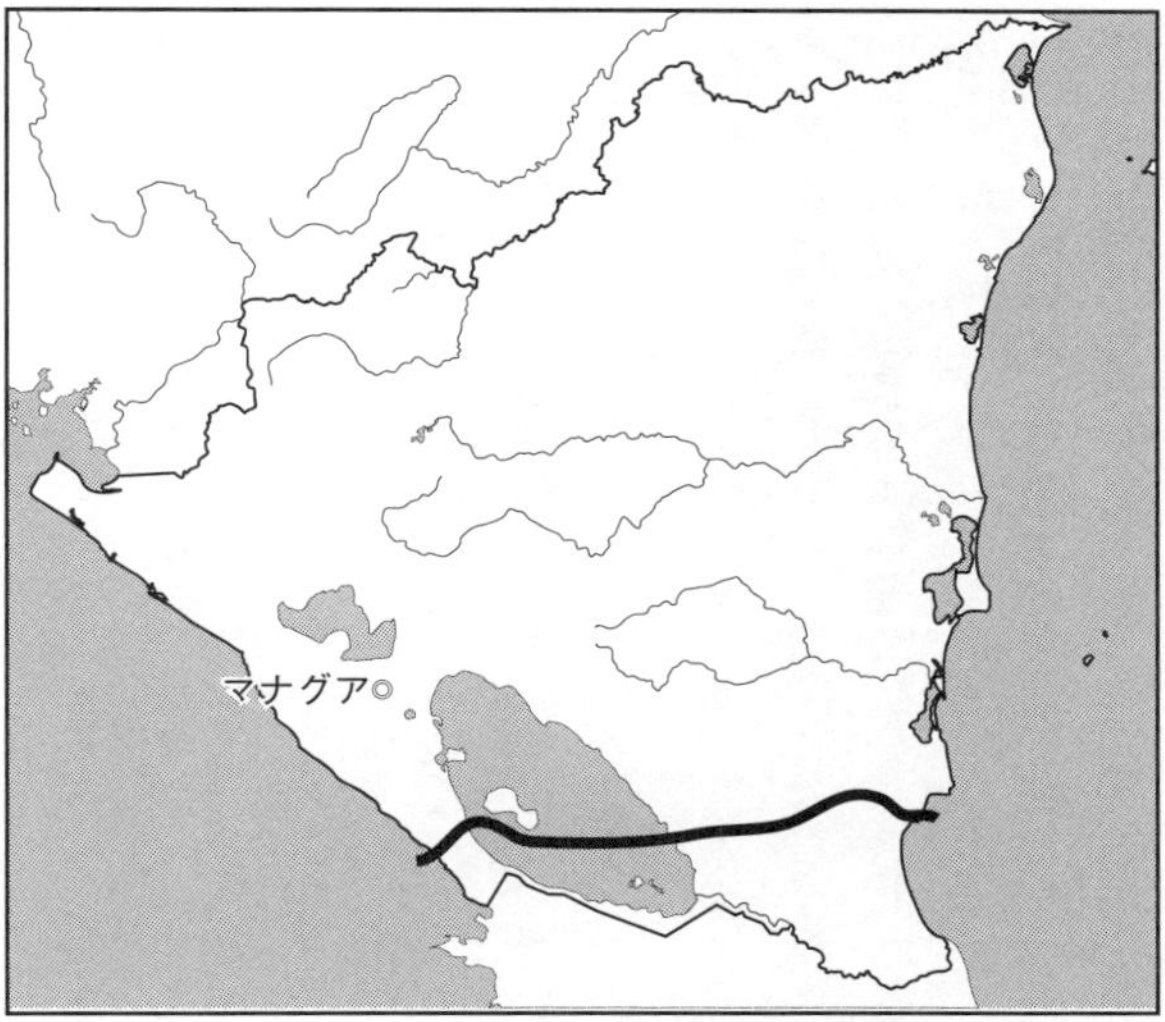

正式に中止となった「ニカラグア運河」の計画図（太線）

の弁護士事務所に会社登記をしただけの、実態はペーパーカンパニーだった。背後には中国鉄道建設が控えていると噂があった。だからニカラグアのオルテガ政権は建設契約に合意した。

この事業主はＨＫＮＣ（香港ニカラグア運河開発投資会社）ともったいぶった名称だが、実態は香港の信偉通信産業集団を率いる王靖。おそらく中国共産党のダミーだろう。最近も宇宙衛星ビジネスに打って出るなどと豪語している。

起工式は２０１４年に行われ、鍬入れセレモニーまで済ませたが、たちまち環境破壊、生態系に悪影響とばかり環境活動家などが現地入りし、住民に土地が奪われても良いのかと宣伝活動を始めた。

いまから考えると、中国はカネで釣ろうとしていたのだ。中米ベリーズに続いて２０１８年8月にエルサルバドルをプロジェクトの餌で釣り上げ、台湾と断交させた。その前にコスタリカに3億ドルの同国国債購入を条件に台湾と断交させた。ニカラグアは反米国家だが、台湾と外交関係をつなぎ止める不思議な国なのである。

米国とは疑心暗鬼の相互関係、イラン・コントラ事件でお馴染み、オルテガ大統領は旧ソ連時代にモスクワと極めて親しい時代があった。キューバとも親密な関係だった。

貧窮状況下では石油高騰に湧いたベネズエラから緊急融資を受けた。それでもＩＭＦはニカラグアを重度の債務超過国としている。だから米国は冷淡に時代の推移を観察していたのだ。

「どうせ出来っこないさ。パナマ運河だって半世紀を要したし」

実際にパナマ運河は１００年どころか４００年の夢だった。１８８０年にレセップスがフランスの支援で着工したが、事業体は2度倒産し、１９０２年に中止を宣言。翌年に米国が開発に乗り出し、10年かけて造成した。パナマ運河の全長は80キロ。だからニカラグア運河はその3倍以上の距離であり、世紀の難工事となることは確実である。工事ノウハウも実績もない香港企業が乗り出すなんて怪しいと睨んでいたのだ。２０１８年2月、ニカラグア運河建設は正式に中止となった。

そのニカラグアでゼネストが起きた。

2018年9月7日、首都マナグアの商店街すべてがシャッターを下ろし、人通りもない死の町となった。反オルテガで団結した野党勢力がストを呼びかけたからである。

嘗て反米サンディニスタを率いて戦ったオルテガはニカラグアの英雄だった。その輝かしい過去は終わり、2007年以来、11年に亘る専制政治は国民から飽き飽きされ、しかも野党指導者を1日200名のペースで拘束し牢獄にぶち込むという中国も青ざめるような恐怖政治を敷いた。抗議デモには軍が出動し、350人が虐殺されたと人権ウォッチ委員会は言う（英紙『ガーディアン』2018年9月8日付）。

オルテガ大統領は「暴動の鎮圧であり、かれらはテロリスト、外国から資金がきており、国民を煽動しているだけだ」と、これまた中国共産党と同じ詭弁を弄した。

ニッキー・ヘイリー米国国連大使（当時）は、「ニカラグアの暴動と弾圧はいずれ『第2のシリア』か『第2のベネズエラ』になる怖れがある」とした。

▼習近平の「一帯一路連敗」

第3章で詳しく述べるが、「マハティール・ショック」以後、パキスタン、モルディブで親中派が敗北し、新政権はいずれもが中国の「一帯一路」プロジェクトを見直すとし、習近平の連敗が続く。

パキスタンでも親中派が敗れ、イムラン・カーン新政権はIMF救済回避策に妙案は見つからないとし、「なぜ高級車や輸入チーズが必要?」と批判して予算不均衡を訴え国民の共感をえた。

1980年以来、すでにパキスタンは15回もIMFに救済を仰いだ。またもIMF管理となると、さらに経済は貧窮化するため緊急に中国の融資(20億ドルを要請、10億ドルが実行)を仰ぎ、ついでサウジアラビアから50億ドルの緊急融資を受け、直面する債務危機をとりあえずは逃れた。中国主導のCPEC(中国パキスタン経済回廊)は570億ドルの予算が、いつの間にか、620億ドルに膨らみ、しかもあちこちで工事が中断している。

カーン政権の誕生の後ろ盾はパキスタン軍である。カーン首相は就任後、初の外国訪問を中国ではなく、サウジアラビアに飛んだ。パキスタン最大の保護国=サウジと中国とのバランスをはかり、外交の梃子とする戦略だ。そもそもサウジはパキスタン核武装の胴元である。

モルディブでも親中派だったヤミーン大統領が9月23日の選挙でインドが支援した野党のソリに敗れた。

モルディブはスリランカが中国の「借金の罠」に陥落して重要な港(南のハンバントタ)を

99年も租借される羽目に陥ったことを、我事のように目撃し危機感を募らせてきた。

　中国への負債をいかにして返済するのかというのが大統領選挙の争点になった。モルディブのＧＤＰは30億ドル前後しかなく、中国からの借り入れが13億ドル。明らかに返済は不可能だ。担保としているモルディブの16の岩礁を中国が租借することになるだろう。

　インドネシアでの「Ｇ20財務相・中央銀行総裁会議」を終えてパキスタンに帰国したアサド・ウマル財務相は、「11月７日にＩＭＦの調査チームがイスラマバードにやってくる。ＩＭＦの救済パケッジを煮詰める準備のためだ」とした。

　パキスタンは中国から６２０億ドルの負債をかかえており、誰が見ても返済不可能だから、デフォルトを引き起こすのは時間の問題だ。となればＩＭＦの救済パケッジにより、財務内容がすべて洗い出され、経済政策、とりわけ金融と財政政策はＩＭＦ管理になる。つまりパキスタン経済はＩＭＦが指導する。

　不都合なことが表面化するとパキスタンの困惑より、中国のほうが迷惑する。伏魔殿のようになっているパキスタンの財務状況を透明化させ、適切な投資を継続させる方針だが、採算の取れないプロジェクトなどは中断もしくは中止勧告が為される。中国はこれを避けたいため、パキスタンの要請に応えて、緊急に10億ドル融資を実施したことは述べた。

ポンペオ米国務長官は「ＩＭＦの救済は非合理である」と発言しているように、米国は冷ややかに事態の成り行きを見ている。

現在、パキスタン国内においてＣＰＥＣ（中国パキスタン経済回廊）のプロジェクトは全部で22のうち９つが完成し、13が工事中である。ＩＭＦ管理となれば、殆どの工事は凍結もしくは中断ということになるだろう。

スリランカで珍しい型の政変が起きた。

２０１８年10月27日、シリセナ大統領は親米、親インド路線の有力政治家として知られるウィクラマシンハ首相を突如更迭し、前の大統領で親中派として悪名高いラージャパクサを首相に任命した。そのうえそそくさと就任儀式を執り行った。この模様はテレビ中継され、スリランカ国民ばかりかインド政界に衝撃をもたらした。

ラージャパクサ前大統領といえばスリランカ南方のハンバントタ港を中国に売り渡した張本人である。中国は１９９９年に租借権を手にいれ、港湾の近代化、工業団地、免税倉庫などを建設中で、付近の飛行場もラージャパクサ空港と命名された。後者の飛行場は閑古鳥、ドバイ、アブダビからの定期便も客数がすくなくて欠航が続く。

インドならびに西側の軍事専門家は、「中国はハンバントタを軍港にするのだ」と分析した。

ラージャパクサ前大統領は、言ってみれば、「腐敗の象徴」であり、かれを批判して現在のシリセナが大統領に当選したのではなかったのか。つまり2015年のスリランカ大統領選挙は「借金の罠」に落ちたラージャパクサ前大統領の汚職体質を猛烈に抗議するキャンペーンが基軸となった選挙戦だった。インドが背後で野党を支援したといわれる。

ラージャパクサ前大統領は、一方で10年にわたったタミルとの内戦を終結させたが、その強硬な武力発動に対して欧米から非難の声があがった。落選後、しばらく沈黙してきたが、周囲に押され政界復帰を狙っていた。とくにラージャパクサ前大統領にとって、インドとの関連が最重要であり、過去3カ月、頻繁にニューデリーに出かけてインド政界へのロビィイングを展開してきたという（『ザ・タイムズ・オブ・インディア』10月28日付）。

この政変劇は、シリセナ大統領をささえる与党が連立政権であり、統一自由人民連合党が、突如連立から離脱したために、議席のバランスが崩れておきた。ラージャパクサ前大統領派の議会工作による。しかし12月中旬に最高裁が非合法と判定したため、ラージャパクサは首相就任を辞退した。

いずれにせよ、敗北を喫しつつある中国が、一部の国々で強烈な巻き返しにでていることも事実である。

第2章

トランプのチャイナ・バッシング

▼GAFAが米国経済の難題だ

「GAFA」とはグーグル（G）、アップル（A）、フェイスブック（F）、アマゾン（A）という米国のIT、インターネット、検索エンジン、ビッグデータの企業4社の頭文字を並べての新造語だ。

象徴的に意味するのは現代世界経済の方向である。同時に世界の株式市場における時価総額を点検してみると歴然となる或る重大な事実がある。すなわち世界支配は「石油」から「ビッグデータに大転換」という時代の到来、「産業の大転換期」に突入しており、基本的には米国vs中国の対決時代が基軸にある。これは目に見える変化である。

もっと具体的な変化はと言えば、過去30年の世界の産業構造の地殻変動である。

優位にあった日本企業は完全に「負け組」になった。時価総額トップの新興企業が旧体制の大手を相手にせずのし上がっている。つまり「ものづくり」という日本の伝統的な経済構造の衰退が象徴するように実体経済は影が薄くなって、AIを駆使した通信、IT、データ企業が、製造業メーカーを劣位へと追いやってしまったことである。それが良いことなのか、悪い結果を導くかは、ここでは論じない。

平成元年、つまり30年前の世界の時価総額を見ると日本企業が圧倒的だった。

この時代、世界の時価総額50傑のうち、なんと7割近くの32社が日本企業だったのだ。NTT、日本興業銀行、住友、富士銀行、DKB、三菱銀行、東電、そしてトヨタだった。GAFAなんて影も形もなかった。

ところが30年後、時価総額のランキングの様変わりたるや、株価（時価総額）に置き換えて俯瞰すると「世界50傑」に日本企業はトヨタのみがランク入りしているだけという寂しい風景に衝撃を受けるに違いない。

時価総額ランキングはアップル、アマゾン、アルファベット（グーグルの親会社）、マイクロソフト、フェイスブック、そしてバークシャー・ハサウェイとなり、中国勢は7位にアリババが、8位にテンセント、15位に中国工商銀行が入っている。トヨタは因みに35位。

ならば石油企業はどうか。エクソン・モービルが10位、ロイヤルダッチ・シェルが14位、シェブロンが24位、ペトロチャイナが32位、そしてトタル（フランス）が49位。黄金の日々にあった石油業界が時価発行総額では衰退していることが分かる。

日本人はこれを見て一抹の寂しさを覚えるくらいかも知れないが、アメリカ人はそういう甘ちょろい幻想、打ちひしがれた感傷にいつまでのひたってはいない。

もっと具体的に次世代技術産業を区分けしておくと、スマホは米国アップルだが、中国のファーウェイ（華為技術）、オッポ、シャオメイ（小米）が躍進している。基地局では圧倒的に中国勢が強く、ファーウェイとZTE（中興通訊）の天下である。パソコンはデル、アップル、HP（ヒューレット・パッカード）と米国勢も健闘しているが中国のレノボが急伸している。ルーターも中国勢が凄まじい勢いで米シスコ・システムを猛追しており、監視カメラ、ドローンは中国が圧勝。これらのハイテク分野で日本メーカーは著しく劣勢にある。

しかもデジタル監視社会を構築した中国のネットビジネスの躍進は凄まじい。同時に、中国とのビジネスリスクが高まった。

2018年11月、米政府系の「フリーダムハウス」による年次報告書『デジタル専制政治の台頭』によれば、ビッグデータ、フェイクニュース、ネット上のプライバシーの監視によって、民主主義が破壊される危機にさらされる可能性があるとした。同報告書はフェイスブックから5000万人の個人データが流失した事実にも触れて、防御を強く呼びかけている。

ネット上に流れたフェイクニュースの影響を受けた選挙では、バングラデシュ、スリランカ、インドなどで暴動が発生した。米国の大統領選挙でもロシア、中国のハッカー攻撃と同時にフェイクニュースが流され、選挙への介入が目立った。またエジプト、ケニア、ナイジェリア、フィリピンなどではデジタル社会の影響を受けて、民主主義の劣化が見られるとした。

同報告者は中国の新疆ウイグル自治区における住民弾圧、とりわけ100万もの人々を収容所に入れての再教育を批判しつつ、「この収容されたウイグル人の人々はネットによる通信が傍受されたことによる」と特筆している。

中国の一帯一路構想とは、相手国に光ファイバーや通信機材、設備を輸出してもいるが、多くで光ファイバー網の建設を同時並行している。この結果、外国のネット通信の傍受が可能となっており、まさに「デジタル・シルクロード」だと批判している。

米国は中国の追い上げを脅威として、「メイド・イン・チャイナ２０２５」を敵視する。米国が世界の「技術覇権」を奪回するために第1の敵は中国であり、第2は、こうした転換を許したのがグローバリズムを徹底的に利用したのだから、この「国際化」とかの新自由主義を駆逐することにある。

それがトランプのいう「ＭＡＫＥ　ＡＭＥＲＩＣＡ　ＧＲＥＡＴ　ＡＧＡＩＮ」の標語に収斂されている。

２０１８年10月29日、米国商務省は輸出規制７４４条に違反したとして、ＪＨＩＣＣ（福建省晋華集成電路）の集積回路などを禁制リストに付け加えた。

これはファーウェイ、ＺＴＥ製品ならびに設備の米国における取引禁止につぐ厳しい措置である。同社は主にＤＲＡＭ製造で有名な国有企業。米国が発明した軍仕様の製品を米国内で販売し、米企業に損害を与えたことを理由に挙げた。ハイテク優位の奪回がトランプ政権の政策の根幹にあることがわかる。

嘗てジャパン・バッシングのおり、日本に対してＢＩＳ基準を満たしていない等とイチャモンをつけて、ジャパン・プレミアムを上乗せしたドル金融を行って殆どの日本の銀行、証券、保険の競争力を奪った。

次にトランプ政権が準備中なのは金融制度上の「チャイナ・プレミアム」である。最強の手段にはドル取引停止という強硬手段も持つ。これにて世界時価総額中、50傑にランク入りしていた中国工商銀行（15位）、中国建設銀行（19位）、中国農業銀行（44位）と中国平安保険（48位）は間違いなくランキングリストから姿を消すことになるだろう。

ロス商務長官は、嘗て「禿鷹ファンド」を運用した。ＵＳＴＲのライトハイザー代表は嘗て対日バッシングの代表選手、その同じ手法で中国に立ち向かうのである。

▼対中政策を変更する

ペンス副大統領の対中政策に関する講演の要旨はまとめ直すと、次のようである。

過去2年間、トランプ大統領は習近平国家主席と強固な個人的関係を築き、両国は共通の関心事である朝鮮半島の非核化について緊密に協力してきた。しかし中国政府は(非協力的になり)、政治、経済、軍事的手段とプロパガンダを用い、米国に対する影響力を高めようとしている。米国の国内政策や政治に干渉してきたのだ。

中国は「地域的にも世界的にもその影響力を再び主張」し、米国の「地政学的な優位性に異議を唱え、国際秩序を中国有利に変えようと」している。このため米国は新たな対外姿勢を取る。公平、相互主義、ならびに主権の尊重に基づく関係を求め、そのための強力かつ迅速な行動をとってきた。

第2次世界大戦が勃発したとき、米中両国は帝国主義との戦いで同盟したが1949年に中国共産党が政権を握った直後から、共産党は独裁主義の拡張政策を追求し始めた。だが疎遠だった両国関係は1972年に終わり、外交関係を再構築し、両国の経済の開放を始めた。米国の大学は新世代の中国人技術者、ビジネスリーダー、学者、官僚の研修を開始した。

ソ連の崩壊後、中国の自由化は不可避的になるだろうと想定した。世界貿易機関に加盟させ、こうした自由が経済的だけでなく政治的にも、伝統的な自由主義の原則、私有財産、個人の自由、宗教の自由、人権を新たに尊重することを期待した。しかしその希望は達成されなかった。

過去17年間で中国のＧＤＰは9倍に成長し、世界第2位を誇るまでになったが、多くがアメリカの中国への投資によってもたらされたのだ。しかし中国は関税、貿易割当、通貨操作、強制的な技術移転、知的財産の窃盗、外国人投資家にまるでキャンディーのように手渡される産業界の補助金など自由で公正な貿易とは相容れない政策をとってきた。まさに中国の行為が米貿易赤字の一因であり、昨年の対中貿易赤字は３７５０億ドルとなった。

「メイド・イン・チャイナ２０２５」計画を通じて、中国はロボット工学、バイオテクノロジー、ＡＩ（人工知能）など世界の最先端産業の90パーセントを支配することを目指している。中国は21世紀の経済の圧倒的なシェアを占めるために官僚や企業に対し、米国の経済的リーダーシップの基礎である知的財産を、あらゆる必要な手段を用いて取得するよう指示してきた。多くの米国企業に対し、中国で事業を行うための対価として、企業秘密を提出することを要求した。

米国企業が創造した知的財産権を取得するために、米国企業買収、あるいは出資している。中国の国家安全部が、最先端の軍事計画を含む米国の技術の大規模な窃盗の黒幕だ。盗んだ技術を軍事転用している。

米国はそれでも経済の自由化が中国をして世界のパートナーシップに導くことを期待した。しかし中国はまさに正反対に経済的攻撃を行い、軍事力を勢いづかせた。

中国は自由を発展させ拡大させる方向に進んでいないばかりか、世界史上、類のない監視国家を築き、その監視システムをますます拡大し、侵略的になった。「グレートファイアウォール（インターネット検閲）」により、情報の自由なアクセスが制限されている。宗教の自由に関して言えば、中国のキリスト教徒、仏教徒、イスラム教徒に対して迫害を強めている。

中国政府はキリスト教の地下教会を閉鎖した。当局は十字架を取り壊し、聖書を燃やし、信者を投獄した。無神論者である中国共産党がカトリック司教任命という直接的な人事への関与問題でバチカンと合意した。中国のクリスチャンにとって絶望的な時代となった。仏教も同様に過去10年間に150人以上のチベットの僧侶が、中国による信仰と文化への弾圧に抗議するために焼身自殺した。新疆ウイグル自治区では収容所に100万人ものイスラム教徒のウイグル人を投獄し24時間体制で思想改造を行っている。

そのうえ中国はいわゆる「借金漬け外交」を世界に展開し、アジアからアフリカ、ヨーロッパ、ラテンアメリカ政府へ何十億ドルもの資金を提供したが、これらの融資条件は不透明であり、その利益は中国に流れている。

中国政府は過酷な弾圧政策をとるベネズエラの、腐敗して無能なマドゥロ政権を延命させた。

▼断乎、台湾の民主主義を支持する

ペンス演説は続く。

中国共産党は中南米３カ国に対し、台湾との関係を断ち切り、中国を承認するよう説得しているが、これらの行動は台湾海峡の安定を脅かす。米国はこれを非難し、台湾の民主主義を支持する。我々は世界最強の軍隊をさらに強化し、核兵器の近代化を進め、最先端の戦闘機や爆撃機を配備し、開発している。新世代の空母と軍艦を建造中である。宇宙における米国の優位性を維持するために「米国宇宙軍」を設立する。抑止力を構築するためサイバー能力を向上させる。

トランプ大統領が明らかにしたように、我々は中国の市場が苦しむことを望んでいない、いや、繁栄してほしい。中国が自由で公正かつ互恵的な貿易政策を追求することを望んでいる。

中国共産党は米国企業、映画会社、大学、シンクタンク、学者、ジャーナリスト、地方、州、連邦当局者に報酬を与え、支配したりしたが、アメリカの世論、中間年の選挙、そして2020年の大統領選挙にも影響を与えようと工作をはじめた。

中国は別のアメリカ大統領を望んでいる。これは米国の民主主義に干渉していることだ。中国政府は中国で事業を展開する米国のジョイントベンチャーに対し、「党組織」を自社内に設置せよと要求した。

これは共産党に雇用や投資に対して発言権を与え、同時に拒否権を与えることになる。また台湾を明確な地理的実体として描いたり、中国のチベット政策から外れた米国企業を脅し、たとえばデルタ航空に対し、同社のウェブサイトで台湾を「中華人民共和国の省」と書かれていないと抗議し、公式に謝罪するよう強要した。

ハリウッドに対しても中国を肯定的に描くよう要求した。中国共産党は世界中のプロパガンダ機関にも数十億ドルを費やしている。米国の世論や政策をドナルド・トランプ大統領主導の「アメリカ・ファースト」から切り離そうとしているからである。

そこで米国は、中国の貿易慣行に対応しつつ、自由で公正かつ互恵的な中国との経済関係を引き続き要求し、中国が貿易障壁を撤廃し、その義務を果たし、経済を完全に開放することを要求する。知的財産の窃盗が完全に終了するまで、中国政府に対して行動を続け強制的技術移転という略奪的慣行を止めるまで、断固として対応し、米国企業の私有財産権を保護する。

「自由で開かれたインド・太平洋」というビジョンを前進させるために、インドからサモアに至るまで、地域全体で価値観を共有する国々との間に、新たなより強固な絆を築いているが、同時に国際開発・金融プログラムの合理化を進めている。中国の借金漬け外交に代わる公正で透明な選択肢を外国に与える。

外国投資委員会のルールを強化し、国家安全保障を中国の略奪行為から守るために、米国への中国の投資に対する我々の監視を強化した。米国の政治・政策に対する中国政府の悪意ある影響力と干渉については、それがどのような形であろうと、引き続き暴露していく。

いま全米で新しいコンセンサスが生まれている。米国は中国との建設的な関係を望んでいるにもかかわらず、中国はこのビジョンから遠い。中国が方針を変更し、改革と開放の精神に復帰は可能なのであり、中国国民に計り知れない価値がある。

「人間は現在しか見ないが、天は未来を見る」という古代中国の諺があり、将来に向け、我々は決意と信仰を持って平和と繁栄の未来を追求する。

以上のように米国の対中スタンス替えがもっとも明瞭に具体化された演説となって、世界のメディアが大きく報じたのである。

▼だから関税戦争は始まりに過ぎなかった

国連総会で演説を終えたトランプ大統領は引き続き、安全保障理事会に出席（しかも議長役）、ここでは中国を名指しで批判し、獅子吼した。

「中国への貿易戦争に勝っている。歴代経験がなしえなかった貿易戦争で、アメリカ経済はよくなってきた。中国はこれまでにも米国を騙しつづけてきた。不公平な貿易を展開してきたうえ、わが政権が防衛に転じるや、民主党に肩入れする宣伝活動をなし、11月の中間選挙に介入している」

現実に中国はアメリカの新聞に折り込み広告を挟みこみ、中国の政治的プロパガンダを活用して、「中国は公平な貿易をしており、健全な中米関係を維持したいと希望している」などと意見広告を盛んに訴えている。だが、これらの宣伝活動は合法であり、非合法の諜報活動でないことは明らか。

むしろこれから予測されるのはネット世論、保守系サイトへのハッカー攻撃、代理人を使ってのツイッター作戦などで、テレビ番組への浸透なども行われるだろう。また「実業家、シンクタンク、映画界、ジャーナリスト、宗教指導者等に中国の宣伝を吹き込もうとしている」とトランプ大統領は批判のオクターブを上げた。その場に出席していた王毅外相はただちに反論し「中国はどの国にもいかなる選挙干渉を展開したことはないし、いまの大統領の指摘には証拠が開示されていない」とした。

トランプ政権は中間選挙で苦戦と伝えられていた。史上空前の高値をつけている株価、未曾有の失業率の低さ、好景気などの状況下では与党が断然有利とされたが、中国のプロパガンダによって接戦に追い込まれた。結果として下院の共和党敗退は、40名のベテランの引退も大きいが、若者たちの3分の2が民主党に流れた。ハリウッドの芸能人まで総動員し、リベラルなメディアは連日、トランプを攻撃したことが要因だった。しかし共和党が上院を抑えたのでトランプの政権運営はそれほどの波乱はないだろう。

貿易戦争の経緯を振り返るに際して、時間をすこし遡及する。

2018年9月18日、トランプ政権は「2000億ドル分の中国からの輸入品に対して10パーセントの制裁関税をかける。24日から実施する」とした。7月の160億ドル、8月の

３４０億ドル。そして9月の２０００億ドル、合計２５００億ドルの中国からの輸入品に高関税を課した。

さぞや市場はおののくかと思いきや、不思議なことに株価は上昇に転じた。主な理由は予想された25パーセントではなく、10パーセントという税率だったからだ。

中国はただちに報復にでた。米国からの輸入品６００億ドル分に関税をかけると。しかし税率は明らかにされず、これから品目の選定がなされるようである。

「中国の経済政策のトップは完全に混沌状態」（『ＮＹタイムズ』２０１８年9月18日付）

10月10日、ＣＦＩＵＳ（対米外国投資委員会）は監査対象を27の産業分野に拡大した。

アリババがデジタル・ペイ・システムの米国大手を買収しようとしたところ、突如、待ったがかかった。結局、アリババは買収をあきらめざるを得なかった。

典型例はクアルコムで、同社は米国の有力な移動通信テクノロジー開発で知られる。シンガポールのブロードコムが同社株式の取得を進め、買収をしかけた。土壇場でトランプ大統領が国家安全保障を理由に阻止した。こうしてシリコンバレーにおけるハイテク・ベンチャーの有力企業買収にも連続して待ったがかかり、中国資本の対米企業買収は軒並み暗礁に乗り上げた。

軍事技術に直結する宇宙・航空産業、通信、ロボット、コンピュータ、半導体企業などに限定されていたＣＦＩＵＳの審査対象の産業分野を、27の分野に拡大し、さらなる規制強化に踏み切った。買収が完了する前の、事前申告を45日前までに義務付け、違反した場合には買収金額と同額の罰金を科す。とりわけ、新規制の対象になったのが航空機エンジンと部品、光学レンズ、アルミ精錬、石油化学、ナノテクノロジーなどである。新法は「中国」を名指ししてはいないが、対象は中国以外考えられない。

ついで米国連邦議会が準備中の新法は中国を名指ししないけれども、外国資本の不動産所有、土地の購入に厳格は審査をなす法律である。具体的には米国への外国資本の投資を審査する「米国外国投資審査委員会」（ＵＳＦＩＣ）の権限を強化する新法だ。

切っ掛けとなったのは２０１４年のウォルドルフ・アストリアホテル買収だった。中国の安邦保険が、この老舗名門ホテルを買収したが、直後にオバマ大統領が宿泊し、批判された。

このホテルには昭和天皇も宿泊され、地下には大統領専用のプラットフォームがあった。中国資本となったからには、ホテルの施設内にどういう仕掛けが施されたか不明であり、通信機器はシークレットサービスを含め、使用禁止となる（ちなみにポンペオ国務長官が北朝鮮訪問のとき、随員と新聞記者は通信機材の持ち込みを禁止され、スマホの使用も禁止された）。

新法への声があがったのはＨＮＡ集団（海航集団）が、トランプタワーの近くのビルを買収していたことが明るみにでてからで、当該ビルには警察の施設（交番）がある。したがって要人の警備上も問題が多く、さらに危険なのはＨＮＡ集団が国家副主席の王岐山と密接な関係があるからである。

日本も早急に外国人の土地購入を制限する新法を策定するべきだろう。

▼米国企業の多くは中国撤退を考慮

中国では経済政策を誰がどうやって決めているのだろう？

経済政策の実権を国務院から取り上げて、習近平の側近らに任せた結果が無惨な敗北状況となった。

在中の米国企業は「ここで生産して米国へ輸出している関係上、深刻な悪影響が出るし、高関税を理由に米国へ工場を復帰するという考えはない」とアンケートに答えた企業が過半数だという。

他方、在中ＥＵ商工会議所は「米中関税戦争に巻き込まれて、相当の影響がでている。世界的なサプライチェーンが機能しなくなる」と事実を認めつつ、「すでに中国で生産、販売してきたＥＵ企業の５・４パーセントが、中国から撤退したか、撤退を準備中である」とした。

国連総会でトランプが演説すると場内で哄笑がおきたとメディアが特筆している。トランプが「グローバリズムを拒否する」と発言し、愛国主義が重要と発言したが、場内の反米諸国が連合してバカにする笑いを演出したのかと思えば、事実は異なった。

トランプが「就任以来わずか2年半で歴代政権より多くを成し遂げた」と自画自賛の箇所で笑いがおこり、「その反応は想定外だったな」と呟くとまた哄笑が起こったのだ。

安倍首相の演説はと言えば、空席が目立ち、出席した各国代表もとなりとお喋り、これほど冷淡な仕打ちを受けるとは心外だっただろう。国連重視主義もそろそろ日本は返上するべきではないのか。

国連総会の舞台裏では王毅外相がラブロフ（ロシア外相）と会談したほか、ニューヨークでキッシンジャー元国務長官と面談していた。安倍首相は韓国の文在寅大統領と意見を交換した。

王毅外相は「トランプ大統領に中国を封じ込めよと助言したのは貴方か？」と詰め寄ると、キッシンジャーは「違う。わたしは中国を封じ込めようとしている国々と同盟関係を強化することはよくないと助言したのだ」と釈明気味だったという（『サウスチャイナ・モーニング・ポスト』9月26日付）。

しかし嘗て米国政界にチャイナロビィの真打ちとして君臨し、保守陣営から「中国の代理人」と酷評されたキッシンジャーも、中国から見れば、もはや「役たたずの老人」でしかない。

こういう時にはまだ役立たず老人にも利用価値があると中国は見た。上記キッシンジャー発言を（全体の発言は不明で、中国側は例によって都合の良いパラグラフだけを切り取って）政治利用したことは明白である。

▼アメリカ経済は順風満帆なのか

トランプが大統領就任以後、ウォール街の株価は50パーセントも上昇した。失業率は史上最低である。米国は景気が良い。

こうなると左翼メディアがいかにトランプの揚げ足をとって執拗な攻撃を続行しようとも、選挙は現職が有利である。好景気なので、米中貿易戦争の悪影響はほとんど出ていない。しかし落とし穴がある。ウォール街の株高を牽引しているのはハイテクだけという身震いするような事実である。

アマゾンの時価総額は1兆ドルを突破していた。2018年上半期の株式上昇分の過半が、じつは僅か6社のハイテク企業によるもので、アマゾン、アップル、グーグル、フェイスブック、マイクロソフト、ネットフリックスなどだ。

しかもこれらは中国への進出に次の勝負をかける大市場と見ているため、トランプの中国政策とは正面から対峙する。ハイテクばかりかエネルギー産業でも、たとえばエクソンは中国に大規模な石化設備を建設し、数千億円の投資を決めている。シェールガス輸出の後押しが主目的である。もともとエクソンの親中路線をすすめてきたのは前国務長官のレックス・ティラーソンだった。かれはキッシンジャーの推挽《すいばん》でトランプ1期目の米国外交をなんとか担ったが、トランプの中国敵視政策と対立し、解任された。

だが米国経済の好況状態はいつまでも続かないだろう。

ネックは高金利とドル高である。金利上昇によって米国の消費をつよく支える住宅、それも中古住宅の売れ行き（全体の80パーセント）が連続的な減少を示し、専門家が失速懸念を表明している。

第2四半期から減少傾向が顕著となったのは高金利による価格高騰と、米中貿易戦争に絡んで中国人の爆買いが、高波が引くように消滅したからだ。

ましてや中国人がこれまでに購入した不動産の売却をはじめているため、中古住宅価格は値崩れ、下落しても上昇は望めないだろう。東京でも「タワマン」（高層マンション）が値崩れを始めたのは中国人の叩き売りが背景にある。住む意思は始めからない。投機でタワーマンションを買って値段が上がれば、すぐに売る。ところが値崩れを起こしても、売る。手元資金がないからである。たたき売っても、本国での資金繰りに充当しなければいけなくなったからだ。西新宿で人気のあったタワマンは、販売から2年ほどして入居が始まったが、すぐに30～60軒の売りが出た。豊洲のタワマンは交通の便が悪いので最初から売れなかったが、投機用に中国人がそうとう買ったという。

これは東京だけの話ではない。最も中国人が不動産買いに狂奔したのは、オーストラリアだった。450万都市のシドニーは、すでに50万人が中国人である。このシドニーで、不動産価格が7・6パーセントの下落を示した。しかし、これは不動産バブル破綻の序曲に過ぎず、これから冬の時代に入るだろうと現地の業界関係者はいう。首都のキャンベラ近郊では別荘地の不動産はすでに40パーセントの下落ぶり。オーストラリア全体の不動産市場で中国からの投資は2014年に33億4000万ドルに達したが、2017年は3分の1強の9億3000万ドルに凹んだ。

オーストラリアの南東部、メルボルン地区のヴィクトリア州が、単独で中国の一帯一路への参加を表明したためモリソン首相は激怒した。政府と相談もなく、かってに州政府が外交方針に抵触するようなことを決めてよいのか、と。ヴィクトリア州は、南にタスマニア島があり、世界一暮らしやすいと中国人の不動産買いが目立っていた。

米国の経済指標の目安となる新規住宅着工件数は前年比12・6パーセントの減少（2018年6月）。ローンの破産はまだ目立つほどでもないが、失業が増えてローン返済の停滞が始まると銀行を直撃するため一部にはリーマンショックの再来を怖れる声もあがりだした。

ケント・ギルバート『「パクリ国家」中国に米・日で鉄槌を！』（悟空出版）を読むと、平均的なアメリカ人がなぜ中国に怒りを表明しているのか直截に理解できる。

日本はあれほど中国に苛められ、莫迦にされ、顔に泥を塗られ、利用されるだけ利用され、技術もカネも盗まれても、中国を非難しない。そればかりか安倍首相訪中で「競合から協調へ」などと唐変木な言辞を吐いて、中国の狙う日米分断に策略に引っかかった。

エドワード・ルトワックは米国は対中認識では与野党、右翼・左翼、メディアを問わず「反中というコンセンサス」があって中国を潰すという戦略で結束しているとしたが、日本の対中協力は、この米国の流れと正反対ではないのか。

ケント・ギルバート氏は「米中貿易戦争はトランプ大統領がしかけた大英断」という。「勝てる間に勝つことが重要」と判断したトランプは中国は対面を重視するという弱点があるため「中共は負ける戦争では、できるだけ権威が傷つかない形で早めにダメージ・コントロールしようと考えます。そこがアメリカの狙いどころであり、オールマイティーなカードにもなる」。これによりアメリカは北京から多くの譲歩を獲得できると説く。

その上で、米中貿易戦争を批判している人に問いたいと、ケント氏は反論する。

現在ですら貿易ルールを守らない中共《ママ》が、今後さらに経済成長した結果、誰も逆らえない技術力や軍事力、政治力を手にした場合、自由貿易やWTO体制を破壊し、世界大戦を脅し文句に、もっと傍若無人に振る舞うのは、火を見るよりも明らか（中略）。私たちは肥大化した中共の下で、彼らの言いなりになって暮らすことを拒否したいのです。

ケント・ギルバート『「パクリ国家」中国に米・日で鉄槌を！』（悟空出版）

それゆえに戦いは早いほうがよいと結論するのである。

日本の議論からすっぽり抜け落ちるのは米中の軍事対決の裏側である。

中国ステルス戦闘機「殲20」は米軍F22ラプターに並ぶと豪語している。中国人民解放軍の軍拡は急ピッチで進捗しており、国産空母につづき、こんどは国産のステルス戦闘機J20の大量配備だ。成都航空集団が製造しているJ20（殲20）は、これまでに20機のプロトタイプがお目見えして試験飛行を行い、改良を加えてきた。年内に量産体制が稼働し、「近年中に200機の配備を終えるだろう」と鼻息が荒い。

胡錦涛時代、北京でゲイツ国防長官（当時）が胡錦涛と会見のおりに、成都でのステルス戦闘機に言及すると、胡錦涛はそれを知らなかった。国家主席であり、党総書記であり、軍事委員会主任であるトップが、軍の情報を把握していないのでアメリカが騒いだ。

中国が自主開発を自称するJ20は、アメリカの最新鋭ジェット戦闘機F22ラプターと肩を並べる性能を誇り、そのスピード、耐久性、レーダーや電子機器を搭載してのハイレベルの戦闘能力、その隠密性を豪語した。

しかし西側の専門家は、ステルス性にも問題があり、これは戦闘機というよりも爆撃機、台湾侵攻が主目的ではないかと見ているようだ。また米国は11月に最新鋭F35を12機、嘉手納基地に配備し、在韓米軍にも40機を配備する。一方で、中国はロシアから最新鋭スホイ35を、24機体制とする。すでに2011年に25機分、25億ドル支払っており、2017年末までに14機が納入されている。

▼ロシアという攪乱要素

ここでロシアのことを考慮に入れておかなければならない。徹底的にアメリカに楯突いているようであって、じつはロシアには根強い中国不信があり、状況を派手に攪乱しつつも、最後は勝ち馬に乗る。プーチンは確実な勝算があって動いている。

いま、ロシアは経済制裁を受けてドル取引が困難となっているため、ゴールドの備蓄を増やし、金でも決済を併行させている。最近、噂になったことはロシアが中国中央銀行から相当量の金塊を購入したという情報である。

フェイクニュースと思われるのも2つの疑問だ。

第1になぜ中国が虎の子の金塊を売るのか？　第2になぜロシアは虎の子のドルで支払ったのか？

すでにドイツは数年前にアメリカに預託してきた金塊を引き揚げ、その金保有量は3000トンを超えている。過去10年、世界一の金購入は中国であり、ついでインド、サウジ、UAEと続くが、日本は先進国中最低であるうえ、日本が保有するはずの金塊はニューヨーク連銀の倉庫に保管されたまま。日本政府は返還要求をしていない。

最近、ロシアのモスクワ証券取引所と中国上海の金取引所は協定に署名しているが、これは通貨スワップとは無関係である。ロシアが2018年1月から5月までに保有してきた米国債を売却した。かわりに金保有を劇的に増やした。

世界の国別の金保有や産金国の生産状況、価格推移などを統括するWGC（ワールド・ゴールド・カウンシル）が2018年11月1日に発表した直近の統計がある。ロシアの金保有は年初来93・2トン増やし、全体で2000トン突破の新記録となった。これは世界の中央銀行が保有する金全体の17パーセントを占める。また金価格を当日のレート（1214・8ドル＠オンス）で計算すると、時価になおして780億ドルに達する。

反面でロシアは米国債を市場で売却し、その残高は140億ドルに激減させていた。また中国から大量の金を買い付けたほか一部の国の貿易決済を金で受け取ったことが大きな要因と見られる。

これでロシアの外貨準備の15倍が、金の保有となる。これはルーブルの価値を強めこそすれ、弱めることはない。

となると最後の推量は以下のごとし。

中国は表向き3兆1000億ドルあると豪語している外貨準備高は事実上、底をついており、したがってドルを得るために備蓄している金塊の一部を売却して当座の外貨の手当をしたことになる。

それで米中貿易戦争激化にともない当面の応戦態勢を整えたことかも知れない。あるいはロシアから原油、ガスならびに武器輸入の代金に振り替えた可能性もある。

ロシアはシリア問題で主導権を確保したが、つぎにプーチン大統領は2018年10月4日、インドを電撃訪問した。

目的はS400という防空ミサイルシステムの売却交渉だった。総額50億ドル。すでに大筋でまとまっており、署名式が行われた。これはワシントンにとって驚きとなった。インドは共同軍事訓練などを通じて米国との准・軍事同盟扱いをうけており、武器システムの西側への変更も政治日程に入っていた。

インドは2016年にハイドラバードにおいて、国際武器展示会を開催し、西側の軍事産業400社が軒並み参加した。軍需産業の合弁比率も25パーセントから49パーセントに高められ、期待が寄せられていた。

米国はインドのS400購入に激しく反撥しており、「CAATSA(対敵対者制裁措置法=Counter America adversaries through Sanction ACT)の適用を検討するだろう」(『ザ・タイムズ・オブ・インディア』2018年10月3日付)。

西側の片思い的な期待をそでにして、インドはロシア製の防空システムに最終的に落ち着いた。冷戦時代にインドはロシアと特殊な軍事同盟関係にあって、いまも武器の95パーセントはロシア製であり、モスクワとインド各地を結ぶ直行便がある。

さて、S400(NATOの暗号名はSA1)は通称「イスカンダル・ミサイル」(イスカンダルはアレキサンダー大王の意味)。射程400キロ、同時多目的(6つの標的を同時攻撃の地対空ミサイルで、パトリオットの2倍の性能を誇る。ロシアでは首都モスクワ防空ばかりか、極東ウラジオストクや飛び地のカリニングラード(ポーランドとドイツに挟まれた飛び地)

に実戦配備されている。

また輸出先にはすでに中国が導入している。トルコも反米路線以後、エルドアンが導入に前向きで、配備は決定したという情報がある。ほかイラン、サウジ、UAEに配備されている。

▼2024年には初の女性大統領が誕生か

トランプ政権は、はやければ2020年に、おそくとも2024年に政権の座を降りる。それまでにやらなければならないことをやりとげ、後継者にバトンタッチする。

TPP脱退、NAFTAの見直し、パリ協定離脱、INF条約破棄と次々にトランプは外交基本を変革してきたが、同時に国内制裁ではオバマケアを改編し、メキシコ国境に壁をつくり、そして最高裁判所の人事に着手した。

裁判の偏向は日本だけの現象ではなく、米国でもキリスト教価値観を逸脱した左翼的判例が目立つ。このため米国の最高裁判所の判事を保守派にしなければ、アメリカを律する最高規範が歪曲される。

トランプはそうした危機感に基づいて保守的な考えを持つカバノーを指名した。案の定、左翼が反対に回り、指名公聴会はもつれにもつれ、30年も前にセクハラがあったとか、日本の左翼ジャーナリズムが何が何でも安倍首相を引きずり降ろそうとしてモリカケの空騒ぎがあったように、ありもしなかった事実を歪曲拡大して報じた。落ち度のない候補に対して、ニューヨークタイムズもCNNもカバノーはふさわしくないとキャンペーンを張った。

逆にアメリカ国内では保守が団結をみせ、このカバノーを指名しなければ国家分裂の危機を迎える怖れがあるとして支持の輪を拡げた。上院指名公聴会は50vs48で指名を承認した。

カバノー最高裁判事の指名承認がなされたと思いきや、そのタイミングを待っていたかのようにニッキー・ヘイリー国連大使がホワイトハウスでトランプ大統領とともに記者会見に臨み、「年内で国連大使をやめ、ちょっと休暇を取りたい」と理由を述べた。

2年間、「アメリカ・ファースト」を掲げるトランプのナショナリズムに基づく外交を着実に推進し、中国とロシアを批判し、国連人権委員会からは脱退し、米国の国連分担金を3億ドル弱も削減し、それでいて「この2年間、国連は変貌した。米国の主張への理解が増えた」と自画自賛した。

ヘイリーはインド系アメリカ人女性として、初の国連大使であり、そのタカ派発言に世界は注目した。

ニッキー・ヘイリー国連大使は1972年にサウスカロライナ州バンバーグ郡で生まれた。両親はインド人、それもシーク教徒である。母親は衣料品店を経営していた。ちなみに

1972年といえば、ニクソン大統領が再選された年であり、隣のノースカロライナ州では「レーガンの朋友」となるジェシー・ヘルムズが上院議員に初当選した年でもある。このヘルムズ上院議員の補佐官をしていたのがジョン・ボルトン（元国連大使、現大統領補佐官）だった。

当時のアメリカでは、リベラルの台頭が凄まじく、反戦運動が吹き荒れ、ベトナム戦争の疲れ、ヒッピー文化、秩序の崩壊、モラルの乱れが目立った。「法の回復」が叫ばれた。

サウスカロライナ州は、保守的な地方として知られ、インド系アメリカ人としてのニッキーは少数民族への差別を受けて育った。この体験が女性蔑視社会を嫌悪し、ジェンダー・ギャップには激しく抵抗し、フェミニズムに寛容である。彼女は美貌だが、地元のミス・コンテスト応募に、「少数民族」という理由で参加を拒否された経験もある。

彼女は政治へ志す目的を「Can't Is Not an Option」（出来ないなんて選択肢にはない）。同タイトルの自伝を出している。

ニッキー・ヘイリーのフルネームはニムラタ・ニッキー・ランダワ・ヘイリーで、最後のファミリーネームは夫の姓。夫との間には2人の子供がある。結婚と共に彼女はシーク教徒からメソジストに改宗している。俄然、ヘイリーは政治に目覚め、下院議員に挑んだ。泡沫候補扱いされたが、おりからのサラ・ペーリン、エリザベス・ドールなど女性政治家が応援に駆けつけ逆転当選を果たした。

その後、下院議員に3期連続で当選した。ついで、ニッキー・ヘイリーはサウスカロライナ州知事に挑んだ。最年少の、しかも初の女性知事として注目され、同州知事を2期務めた（2期途中で国連大使に指名された）。

２０１６年の大統領選挙では最初に保守本流の最有力候補と言われたマルコ・ルビオ（フロリダ州選出上院議員）を応援した。

ルビオが予備選から撤退すると、次に茶会系《ティー・パーティー》のテッド・クルーズを応援した。保守のタカ派、それも強硬路線を主張する政治信条に共鳴し、異端児だったドナルド・トランプを激しく批判した。ヘイリーのトランプ批判は、イスラム教徒の入国制限が少数派への差別に基づくとする視点からだった。だからトランプが当選後、いきなり批判の急先鋒だったヘイリーを国連大使に指名したとき、ワシントンには驚きが走ったのだ。

ニッキー・ヘイリー

さて国連大使としての活躍は言うまでもないが、イラン、ロシア批判はトランプより強硬であり、かつベネズエラ、北朝鮮への批判も一貫していて、国連ではアメリカ・ファーストの旗幟鮮明。イスラエルの大使館移転問題でも最前衛だった。トランプの政治路線に共鳴していた。

このニッキー・ヘイリー国連大使の辞任は衝撃的で各界を

揺らした。明らかに彼女は「次の次」、すなわち2024年の大統領選挙に照準を定めている。これを目標に共和党内の人脈、全米での資金集め政治的影響力の拡大をなす動きを展開するだろう。

かつて英国の女性宰相サッチャーは「鉄の女」と言われた。英国に精神と景気を回復させる偉業を為したマーガレット・サッチャーはレーガン、ゴルバチョフと並んでいた。

数年前、筆者はヨーロッパへ飛ぶ機上で、メルリ・ストリープ主演の『サッチャー』という映画を偶然見た。意外と面白く、少女時代に彼女が周囲から孤立していたこともよく了解できた。

サッチャーはフォークランド戦争で、閣僚が反対に回った折、「この政権には男がいないのね」と言った。仲裁にまわったヘイグ米国務長官も映画では軽くあしらわれていた。

英国政界ではフォークランド戦争が不評だった。しかし彼女は独立国家の領土が一寸でも外国に侵されたことは主権を損なわれた名誉の問題として、遠く南大西洋の小島へ軍隊を派遣して取り返した。その決断と勇気、まさに傑物の政治家である。日本の政治家に真似が出来るか？竹島も北方四島も盗まれたまま、手も足も出ない国が？

当時、評論家の関野英夫氏が言った。「日本は滅びるかも知れないが、英国は滅びない」。それほどサッチャーは独立国家の主権を重視した。

冨田浩司『マーガレット・サッチャー』（新潮選書）によれば、サッチャーが「成し遂げた高みは、『良きにつけ悪しきにつけという注釈付きであったとしても』、チャーチルを確実に凌駕する」と激賛している。彼女はレーガンとじつに馬が合った。

二人がともに政治的なアウトサイダーの立場からこうした意味を追求した（中略）政治的道のりの厳しさについて強い共感を抱いていた。それは過酷な旅を共にすることで芽生える友情に似たものであったと言えよう。

サッチャーの経済政策をサプライサイドの実践と片付けるエコノミストが多いが、それは彼女の試みた政策の一部でしかない。

サッチャーの目指したことは、戦後コンセンサスの下で形成された国家と個人の間の境界線を引き直し、個人の自由を再び国民の営みの中核に据え直すことであった。彼女はそのことを、かつて聖地エルサレムを奪還するため十字軍が示したのと同様の宗教的確信をもって追求し続けた。（中略）サッチャーの凄さは、個人の自由を追求するイデオローグとしての側面と、卓越した行政手段を持つ実務家としての側面を兼ね備えたいたことであり、後者の能力はフォークランド戦争の指導や数々の外交交渉において遺憾なく発揮された。しかしながら、彼女が歴史に名を刻むのは、疑いなく政治の変革者としてである。

サッチャーがもたらした政治手法の変革とは、一言でいうと、政治を政治機構に依存する組織的なものから、指導者個人の考え方や人格と結びついた属人的なものへと転換させたことにある。こうした属人的な政治においては、指導者本人の考え方をこれまで以上に直接的なかたちで政府の施策に貫徹させると共に、指導者と有権者との間でより濃密なコミュニケーションを打ち立てることが図られる。

冨田浩司『マーガレット・サッチャー』(新潮選書)

かくして2020年は人事刷新によるイメージアップという文脈では、ペンスにかわって副大統領という強運に恵まれるかも知れないが、ニッキー・ヘイリー国連大使はおそらく上院議員を狙うだろう。

第1に「資質」について言えば、十分な政治才能を持つうえ、女性政治家の少ない共和党においては重宝される。かつてのフェラーロ、サラ・ペーリン、エリザベス・ドールといった女性副大統領候補や上院議員のように活躍できる才能に恵まれている。

第2に資格を問うというなら、下院議員3期、州知事2期、そして閣僚級の国連大使と、輝ける経歴を誇り、知名度も抜群である。州知事から大統領となった例はカーター、レーガン、ビル・クリントン、ブッシュ・ジュニアと枚挙に暇がなく、また上院議員から大統領となったのはJFK（ケネディ）、LBJ（ジョンソン）、ニクソン、そしてオバマという前例がある。

第3にアメリカの人口動態と意識の変化から推して、ヒラリーの大統領選挙時まで残存した「ガラスの天井」（女性政治家の限界）は雲散霧消し、女性だからと言って問題視する雰囲気は消えているだろう。いや、逆に女性こそが望ましいとする社会的土壌に変貌しているかも知れない。ましてやオバマ大統領という初の黒人大統領を経験したアメリカでは、インド系という少数民族出身を、どうこう議論する政治的風土も稀薄になった。

2024年、大統領選挙の最右翼はペンス副大統領だが、アメリカは初めての女性大統領出現という時代を迎えているかもしれない。

第3章

アジアに拡がる反中運動

▼中国と癒着した腐敗政権が転んだ

「マハティール・ショック」（中国にとってのショックだが）は激甚な「破壊力」をともなった。

2018年5月のマレーシア選挙で、親中派首相だったナジブが「まさかの落選」をし、93歳のマハティールが首相復帰するなど、中国の事前の想定にはまったくなかった。それが第1のショックだった。

直接の原因はナジブ前首相とその夫人、一族のあまりの腐敗ぶりに国民が怒りをぶつけたからだ。メディア報道を統制しても、マレーシアでは言論は自由であり、書店へいくと、ナジブ政権の腐敗、汚職を暴露する本で溢れている。

政権発足直後、マハティール首相は中国主導の「新幹線プロジェクト」の中止、「ボルネオのガスパイプライン工事」の中止を発表した。総額230億ドルを超える、習近平の目玉「一帯一路」プロジェクトの一環で政治宣伝の材料でもあった。これが消えるわけだから、中国にとっては第2のショックだった。

第3のショックは親中派だった政治家ナジブ前首相の逮捕と起訴である。金遣いが荒く贅沢の限りを尽くした夫人も10月3日に逮捕された。ナジブ前政権と中国との不法なビジネス、その癒着と賄賂問題などが裁判で争われる。なにしろ落選直後にナジブは海外へ逃亡を図ろうとして空港で足止めされた。かれの側近はその直前に姿をくらましたが、中国に潜伏中と言われる。中国のプロジェクト誘致で賄賂がどれほど巨額だったかが、これからの裁判を通じて明らかになる。

　第4のショックはマハティールは当選後すぐに来日し、さらに11月6日にも叙勲のために来日して安倍首相と懇談し、サムライ債などの発行をきめて、中国をソデにしたことだった。マハティールは日本訪問のあとで中国に向かった。中国はこの老獪老練な政治家に一歩先を読まれた。工事の中断理由は「中止ではなく、財政問題が解決すれば、工事再開もあり得る」という妥協的なイメージで習近平の顔を立てながら、交渉をうまく運び、事実上の中止を宣言した（直後にマレーシアに取材に行ったが、或る事情通は「予算の洗い出し作業のあと、マハティールの個人的な思惑は李登輝台湾総統とおなじように新幹線を日本に請け負わせるのではないか」という見方もあった）。

マハティール・ビン・モハマド

　第5のショックは中国の投資家への警告を意味する。

　マハティールは「フォレストシティへの外国人投資を禁止する。不動産投資移民にはヴィザを発給しない。フォレストシティは外国の植民地ではない」と発言した。選挙中から主張していたから当然予想された措置だが、中国人の投資家に

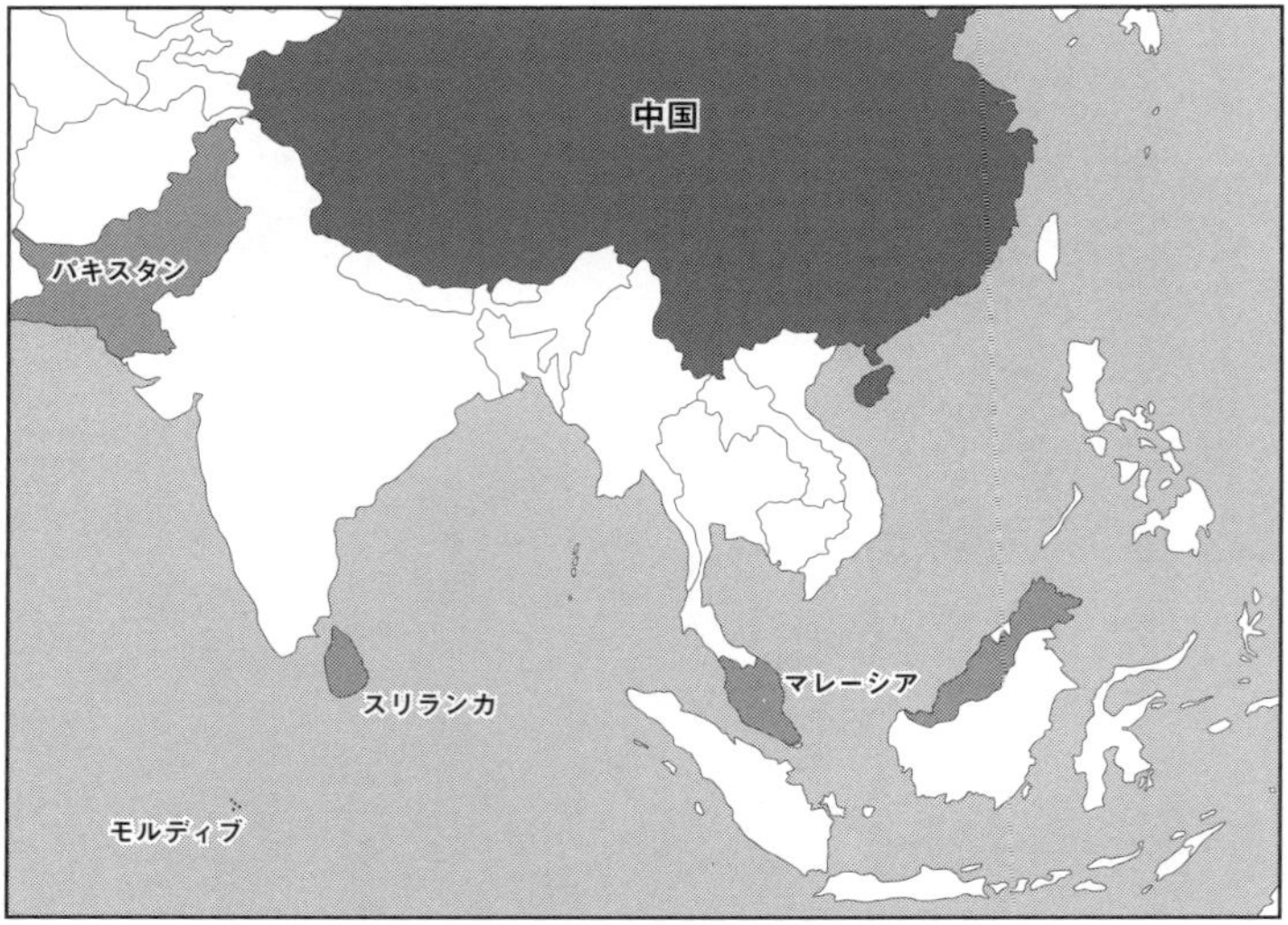

「マハティール・ショック」から、アジア各国で反中国ドミノが始まった。

とっては無駄な投資となる怖れが高まった。

外国人のマレーシアにおける不動産投資禁止は今後、法改正などが必要とされるため具体的には如何なる方法となるのかは未定だ。しかしこの外国人の不動産購入禁止措置は、北海道などを中国資本が買い占めている日本にとって格好のモデルケースとなる。

マハティール訪中では浙江省に足を運び、アリババ本社と吉利（ＧＥＬＹ）自動車を訪問した。

もちろん李克強首相と習近平主席に別個に面談した。李克強との会談で「中国とマレーシアの友好関係は変わらない。自由と公平な貿易の持続と発展を希望している。ただし新幹線工事の中止についてはマレーシアの財政事情を考慮して欲しい。中国が悪いとは言っていない。悪いのはナジブ前政権の無謀な計画と汚職である」と言った。

共同記者会見でマレーシア新幹線中止の話は出なかった。マハティール首相の老練さ、中国を正面から批判せず、国内の劣悪な財政環境と前政権に責任を転嫁して、まずは中国との交易の拡大はお互いの利益のために発展させると言ったのだ。

習近平との会談に楊潔篪国務委員（前外相）らが同席した。席上、マハティールは「インフラ建設での協同強化」と「戦略的対話の重視」を述べ、通貨スワップに合意した。

アリババ本社の訪問では馬雲ＣＥＯが直接応対し、説明役も務めるなどの厚遇ぶりだった。同社はクアラルンプール国際空港近くに拠点を持つが、マレーシアの交通渋滞の解消などでＡＩ設備の交渉を続けている。また仮想通貨のノウハウなどにもマハティールは興味を示した。

同じく吉利自動車を訪問した理由は、マハティールの強い個人的な関心からだ。嘗て国民車プロトンを三菱自動車などと提携で立ち上げたのは彼自身だった。その後、マレーシアの国民車プロトンは円滑な販売実績が上がらず中国の吉利に買収された。思うところが深いのはそのためで、再度、マハティールはマレーシア国民車の離陸を夢見ているのである。

そこで問題視されるのが、マレーシアの債務問題である。

たとえばモンゴルが対外債務を中国に依存した大きな理由は、旧ソ連衛星圏としての桎梏《しっこく》から逃れるため直接投資を歓迎したからだった。モンゴルが外貨稼ぎで売るものは石炭しかなく、それもアクセスが悪いため中国にしか販売ルートがない。石炭鉱区を担保に結局は中国からカネを借りた結果である。

キルギスはロシアへの出稼ぎでＧＤＰの25パーセントを占める。つまり旧ソ連という宗主国を敵には回せないが、中国が一帯一路関連で投資をしてくれるのでつい乗ってしまった結果である。

ラオスも同様、新幹線の総工費が60億ドル。絶望的な投資受け入れも、一党独裁だから出来た。ラオス国民の対中不満は加速化している。

日本は「サムライ債」（円建て）などで、財政健全化のために応分の支援をすることが表明された。

▼オランウータンの保護島で考えた

そこで本稿を抱えながら筆者は急遽、マレーシアへ飛んだ。中国の進出たるや、フォレストシティどころではなかった。

第1にＫＬ（クアラルンプール）のペトロナス・ツインタワーの近くにアジア一ののっぽビ

ル（106階建て。金融センター）を建設中だ。そこかしこのビルに中国の資本が大々的に投下されている。KLの都心は改まろうとしている。

第2にペナン島の豪華リゾート・マンションの林立を見て驚いた。半島からペナン島に2つ目の海上橋（24キロ）を2017年に開通させアクセスが劇的に改善されたからだ。最初の橋（13キロ）は韓国の軍人チームが建て、陸上のアクセスも繋がり、以後、開発が急ピッチだった。島の入り口の工業団地の造成と海岸沿いの高層マンションも華僑の投資が多いが、半分近くはシンガポール資本でマンションの売値は日本円で2000万円前後、だから日本人の長期滞在組も意外に多い。このペナン島は人口が100万人に急膨張、そのうちの61パーセントが中国人だという。

島内には道教寺院のほか、イスラムのモスク、仏教寺院、ミャンマー系の寺院にヒンズーもあって、有名なのは寝釈迦寺である。境内は中国人ツアーが引きも切らず、また珍しい骨壺マンションが仏像の裏手にあった。

ペナン島では海浜リゾートの高層ホテルに泊まった。宿泊客の9割が中国人だった。四半世紀前に筆者はペナン島に2回来ているが、当時、海浜リゾートと言えばバトゥ・フェリンギという空港から1時間もかかる寂しい漁村にしかなかった。

このペナン島は現地語でピンナン島と発音する。戦時中、日本軍が占領し要塞や見張り台を設置した。それ以前にはポルトガル、オランダが戦略的要衝として奪い合った。いまはジョージタウンの港にコンテナ船が行き交う。

第3に「マレーシアの軽井沢」と呼ばれる高原別荘地キャメロン・アイランドにも、あれよあれよという間に別荘が建ち並び、異様な高層マンション群が山の中に聳え、おびただしい中国人が住んでいるではないか（上写真参照）。

この場所は1985年出版の松本清張『熱い絹』の舞台でもある。その頃はぽつんぽつんとしか別荘はなく、大半がロッジ風の山小屋だった。しかも英国人などが住民だったのだから、過去30数年の様変わりは激甚だ。

中国が建設中のビル。右側の看板に注目。
（マレーシアのキャメロン・アイランド）

老後をマレーシアに長期滞在しようという日本人が、キャメロン・アイランドにも100名近くいる。付近の農家はイチゴ栽培や茶畑、そしてサボテン栽培も多く、「涼しいし、お茶も果物も安くて美味しいし、治安もよい」と評判は上々とか。たしかにバナナ、マンゴー、パパイアは安くて実も豊か、甘味は適当である。

これら3つを見て回っただけでも、「中国の植民地」化が歴然としている。

息抜きにオランウータンの島へ渡った。

ブキットメラーという場所に湖が拡がり、船で15分も行くとオランウータン保護島に着く。粗末な桟橋がしつらえてあり、まずい珈琲を供する喫茶店もある。

この生息地にはボルネオから連れてきたオランウータンが27頭飼育されていて、かなりの観光客があるほか、地元の小中学生の遠足コースでもある。国家予算で運営され、自然環境と希少動物保護に当たっている。

マレーシア国民の過半数はマレー人だが、25パーセントが中国系、7パーセントがインド系、残りがアラブ系のムスリムほかという構成で、文化も多様な多民族国家を形成している。各民族によって食事も宗教も言語も異なるから共通語の英語が必修となる。

KLの街を歩くと、KLセントラルの駅舎が新装され、吹き抜けのショッピングアーケードがあった。レストラン街で一番混雑していたのは日本の寿司だった。

裏寂れた貧民街というイメージは完全に覆り、空港を結ぶ列車もこの駅が始発である。鉄道、地下鉄、モノレールが乗り入れ、KLの交通網は鉄道だけで10路線、通勤時間には新宿駅のように混み合う。

何回かモノレールにも乗ったが、車内は客の大半がスマホに熱中しており、この殺伐とした風景は日本と変わらない。乗り心地は快適。問題は夜の8時を過ぎると1時間に1本という過疎ダイヤになり、10時すぎが終電、あとはタクシーしかない。列車編成の真ん中は女性専用車両である。

郊外には壮観なマンション街があちこちに拡がっているが、ボロマンションが立ち並ぶ貧民街もある。車の通勤が多いようで朝夕のラッシュ風景も日本の大都市と変わらない。

物価は落ち着いているようだが、ナジブ前政権時代に酒とタバコ税を一気に上げたので、食堂でビールが1本（大瓶）1000円、タバコは500円と日本並みだ。サービス課税も、たとえば宿泊1部屋につき、1日300円が上乗せで徴収される。この増税は不評である。

KLのチャイナタウンも安物バザール、偽ブランド品や時計の屋台が溢れるが、嘗ての殷賑《いんしん》はない。ビジネスホテルも1泊が3000円から高くても5000円、それでも宿泊客が少ない。

これほど中国人の増加が激しいのに、チャイナタウンが衰退するという珍現象はなぜなのか？

理由は新しい繁華街がブキッ・ビンタン地区のアロー通りに移行したからだ。若者も外国人観光客もこちらに蝟集する。レストランも豊富で屋台街には流しのギターや音楽隊、ビキニ姿の西洋人、乞食と掏り……。
旧チャイナタウンの衰退現象はマレーシアに限らず世界共通の現象だ。その典型はカナダのバンクーバー。旧チャイナタウンは幽霊都市のように寂れ、新移民は空港近くにニュータウン、そして近年、中国大陸から移住する金持ちは、ファーウェイの孟晩舟がそうだったように、白人の住む高級住宅地に豪邸を建てる。マレーシアの中国人も、このように3つの階層に分かれた。

日本にやってきた最初のキリスト教宣教師はポルトガルの「イエズス会」である。その創始者のひとりがフランシスコ・ザビエルだったことは日本の歴史教科書にも記載されている。

じつはザビエル、このマレーシアのマラッカを拠点にマカオ経由で薩摩半島に上陸し、京へのぼるも布教に失敗し、山口の大内氏のもとで初めて布教を許された。

ザビエルはマカオで客死し、遺体はいちどマラッカへ運ばれ、最後にインドのゴア（当時ポルトガルの飛び地だった）の教会でミイラ化された。マラッカのセントポール教会は1511年にポルトガルが建てた。現在もマラッカ郊外に「ポルトガル村」が残っており、往時の面影がある。

マラッカ観光の目玉はオランダ広場で、周囲を巡る花電車のような人力車。風車のレプリカに運河、その河沿いの小さな広場に鄭和に記念碑が建立されていた。

——嗚呼、15世紀に世界大航海を果たした鄭和艦隊はここにも寄港していたのか。

オランダ広場から高台を登ると、天井が飛ばされたままのセントポール教会の古ぼけた建物が世界遺産である。急坂の階段を上りきった場所に白亜のザビエル銅像が建っている。

閑話休題。マラッカにも、寂しくなる一方のチャイナタウンが残る。

付近には道教の寺院（青雲亭）などが点在していて、5年ほど前に昼を食べた古いレストランを探したが、いまやハードロック・カフェに変貌していた。行き交う観光客は中国人、たまに日本人の団体に遭遇すると急に懐かしくなって「今日は」と挨拶したりする。

マラッカの海岸沿いには欧米の有名ホテルが新築されて競合しており、海鮮料理のレストランも増えていた。変化の速度が速すぎる印象が残った。

▼中国とパキスタンの「友誼」関係は変化。緊張状況にある

パキスタン下院議員選挙で想定外のハプニングはクリケット選手（ワールドカップ優勝）から政治家に転じたイムラン・カーンが新首相となったことだ。

新たに有権者となった2000万人の若者と背後に軍の支持があった。

すぐに直面したのは債務危機だった。

1980年以来、すでにパキスタンは15回もIMFに救済を仰いできた。またまたIMF管理となると、さらに経済は貧窮化する。

2018年上半期の貿易赤字は43パーセント増の180億ドルに達した。主として原油代金値上がりが原因とはいえ、ますますパキスタン通貨は下落し、外貨準備は底をついている。同時期にパキスタン中央銀行は3回も利上げを繰り返しているが、通貨は40パーセントの暴落ぶりだった。

「スマホ、高級車、そしてチーズの輸入を自粛すれば外貨を45億ドル節約でき、さらに輸出を増やせば30億ドルの経常収支の改善に繋がる」とイムラン・カーン首相は、空しい展望を語った。IMF救済、通貨、金利、経済政策の管理体制に入ると、もっとも嬉しくない国は中国になる。

新政権になって以来、パキスタンへの出入りが激しい。ポンペオ国務長官は中国主導の一帯一路、すなわちCPEC(中国パキスタン経済回廊)に対して中国が620億ドルもの巨費を注ぎ込んだ結果、西端のグワーダル港は43年間、中国が租借することになった経過を踏まえ、「IMFの救済は難しい」と述べた。直前にトランプ大統領はパキスタンへの援助を中断した。

ポンペオのイスラマバード訪問の翌日、中国外相の王毅がイスラマバードを訪問し、イスマン・カーン首相に真意を問いただし、一帯一路プロジェクト継続の意思を確認したという。

カーン政権の後ろ盾はパキスタン軍で、事実上のトップはバジワ陸軍大将である。

バジワ将軍は9月16日、北京を訪問した。カーン新政権を背後で操る立場にある陸軍大将の発言には重みがあり、会談内容は公にされていないが、マハティール同様に借金の返済が覚束ないことは、パキスタン経済の将来に暗雲を呼ぶ。収支バランスの悪化はパキスタン通貨の暴落を招く。つまりパキスタンの安全保障に直結する問題だとする認識を表明したという。

過度の中国傾斜はシャリフ前政権であり、その前のムシャラフ政権ではむしろ米国依存度が濃厚だった。

パキスタン国民が中国を快く思っているわけではない。パキスタン財界は商都カラチが中心であり、およそ20のファミリーが銀行経営や物流を握っていてパキスタン経済を牛耳る。カラチ財界はハク政権（ソ連の謀略で暗殺された）、ムシャラフ政権（陸軍のクーデターでシャリフ政権を打倒し、米国と協調関係を結んだ）という軍事政権を通じて、米国とビジネス関係を深めることで成長した。

このカラチ財界もカーン政権の後ろ盾になると想定されており、中国はこうした動きを神経質に捉え直したため、両国は緊張した状況に陥った。

イムラン・カーン首相は9月17日、電撃的にサウジアラビアへ向かった。

国王の招待により、2日間の実質的な訪問で主たる議題は今後の経済援助。とくに金融援助の詰めを行った。経済援助が表向きのテーマだが、両国は半世紀以上にわたる同盟国であり、国家安全保障問題、アフガニスタン問題、インド戦略などを話し合ったと見られる。そんなことよりカーン新首相が就任後初の外国訪問を中国ではなくサウジアラビアとしたことの意味は重要だろう。サウジと中国のバランスをはかり外交の梃子とする企図はありありとしている。第1にパキスタンの核兵器開発は、おおむねサウジアラビアの資金援助があってなされた。サウジは万一の危機に遭遇したときはパキスタンの核を活用する（背後からイランを攻撃できる）。

第2に首都のイスラマバードに聳える世界一巨大なモスクも、サウジアラビアが全額寄付して建てられた（1966年、サウジ国王ファイサル国王が寄付した）。それまで首都はカラチだったが、イスラマバードを人工都市として、新しい首都を都市計画に基づいて碁盤の目のような整然とした都を建設したのだ。筆者も行ってみたことがあるが、パキスタンのあらゆる場所の喧噪、猥雑な風景とは別世界、静かで清潔な都市である。隣のラワルピンジには国連の事務所がある。

『ザ・タイムズ・オブ・インディア』（2018年9月18日付）の報道では、パキスタンは「IMF管理体制になることを回避するために、金融危機を克服しなければならない」とした。I

MF救済となると、常識的に債権国は（つまり中国だが）、債権の8割前後を放棄しなければならなくなる。巨額を投資したプロジェクトが灰燼に帰することを意味する。

カラチはパキスタン最大の都市であり、アラブ諸国の進出が夥しい。国際金融都市でもある。しかしカラチ市政最大の悩みは、じつは水不足である。1947年の水供給に比較すると、カラチの水源は6分の1に激減しており、一帯一路なんぞよりダム、浄水場建設が急がれるべきだとする。

カーン首相は日帰りでカラチを訪問し、市長などから意見を聞いた。「ダムが必要なことは分かっている」としたうえでカーン首相は「中国は8万4000カ所のダムをもち、うち5000は大規模なダムである。インドにも5000のダムがある。わがパキスタンにダムが不足していることは明らかだが、予算をダム建設に割けるだけの余裕がない」とした（パキスタンの英字紙『ドーン』9月17日付）。

その後、パキスタンの予算削減が決まった。削減の対象はカラチ―ペシャワール間の鉄道（1892キロ）で、「経済、流通の大動脈となることは了解しているが、工事は遅々として進んでおらず、区間の削減を含めた措置をとりたい。近未来にはさらに20億ドルを減額し、合計600億ドルの一帯一路関連プロジェクトを560億ドルに減額・修正し、財政健全化の第一歩としたい」と財務大臣が述べた。言葉は遠慮がちだが、固い決心から具体的数字を出していることがわかる。

10月31日にカーン首相は北京を訪問し、「紐付きのローンではなく、パキスタンが必要とするのはキャッシュだ」と要請した。李克強首相も習近平主席も口を揃えて「両国関係は全天候型であり、必要とされる支援を惜しまない」とリップサービルに努めたが、具体的な金融支援の話はなく、ただし中国はCPECの規模縮小には反対だと述べた。

▼まさか「反中国ドミノ」がアジアでおこるとは！

モルディブの大統領選挙結果、現職ヤミーン大統領（「親中派」の頭目）が無名の対立候補に大差をつけられて敗北したことに北京は深い衝撃を受けた。

これはマレーシア、パキスタン、そしてモルディブと連続した中国傾斜離脱の「ドミノ」である。もともとはスリランカが嚆矢だった。親中派のラージャパクサ大統領が落選し、無名のシリセナが登場したからだ。スリランカの国民感情も反中国だったのである。これが契機となってマレーシア、パキスタンと親中派政権の敗北が続き、その波がモルディブへも到達する。

モルディブの選挙結果も強い反中感情が基盤にあった。

これが現職ヤミーン大統領を落選させた番狂わせの選挙結果は投票率が89・2パーセント、

イブラヒム・モハメッド・ソリ候補が58パーセント、現職ヤミーンは42パーセントという大差だった。しかも1192の諸島からなる島嶼国家において、投票所には5時間待ちの長い長い列ができた。どれだけの高い関心が寄せられていたかを物語る。

争点はひとつだけである。

「モルディブを中国に売り渡すのか?」「このまま中国の借金の罠に陥落し、中国の植民地になるのか?」

ヤミーン大統領は中国の一帯一路に積極姿勢をしめし、空港と首都をつなぐ橋梁工事、空港の拡張工事、港湾開発で中国の投資を呼び込み、これに反対した政治家を監獄へ入れるか、国外へ追放したうえ、首都マーレに戒厳令を敷き、あまつさえ最高裁判所裁判官を拘束するという悪辣な弾圧を続けた。

選挙前に中国支援の海上橋梁をむりやり完成させて、その成功を売りに、再選を手中にする計画だった。全ては水泡に帰し、新政権は「中国のすべてのプロジェクトを見直す」ことになる。

北京はショックを押さえ込み、「モルディブ国民の選択を尊重し、従来通りの関係の維持と発展を望む」と外交部が声明を出した。米国、インド、スリランカは新政権歓迎の声明をだした。「これは民主主義の勝利であり、地政学的な影響は計り知れない」(『ザ・タイムズ・オブ・インディア』9月26日付)

インドに亡命中していたナシード前大統領は、新政権発足とともにインドから帰国し、「FTAを含む中国との関係をすべて見直す」とした。モルディブは中国との2国間自由貿易協定を締結し9月から発効されたばかりだった。

それにしてもスリランカ、マレーシア、パキスタン、そしてモルディブと世界的規模での反中感情の爆発、その津波は次にブラジルにも及んだ。いかに中国が嫌われているかをしめる選挙結果が連続している。

モルディブにて著者。背景は完成間際の空港と首都マーレを結ぶ海上橋。

モルディブにもっとも政治的な影響力を持つのはインドだが、文化的にあるいは距離的に近いのはスリランカである。

モルディブはスリランカが中国の「借金の罠」に陥落し、重要な港（南のハンバントタ）を99年も租借される羽目に陥ったことを我事のように目撃してきた。中国への負債13億ドルを、いかにして返済するか。

といってもモルディブのGDPは30億ドル前後しかなく、返済は不能であり、問題は岩礁をいくつか貸与すると仮定して、どこに人工島を造成されるか。それらが軍港に化けるのは時間の問題でもあり、ヤミーンがまだ政権に居座る間に、そうした契約を北京と結んでしまうのではないかという懸念があった。

「中国経済は勢いを失った」と『ウォール・ストリート・ジャーナル』（2018年10月2日付）が大書した。

中国の確定的な不況入り状況に米国の金利上げによる株安が起こった（2018年10月10日付）、ウォール街の震源から東京、香港、シンガポールに津波となって東京市場は3・9パーセント下落した。

10月12日に上海株は7・6パーセント急落し、2606・9ポイントをつけた。15日、さらに下落し、上海株式市場は2018年初来、10カ月で21パーセントの下落である。

米中貿易戦争を嫌気する心理が大きく作用した。中国の株式市場の特徴はなんといっても風評で動き、噂が噂を呼び、だれも理論的な株価形成を考えない。だから狼狽売りが目立つ。そのうえ人民元の下落が追い打ちをかけた。このため海外へ流出する資金の流れが止まらず、中国政府は有効な手を打てない。

中国の株式は10パーセント下落すると自動的に市場閉鎖となる。過去3年間で既に19回も市場閉鎖の措置がとられている。

株式投資人口は賭け事の好きな中国人の性格からも参加者は1000万人もいる。このとき、時価総額で50兆円（3兆元相当）が蒸発したが、被害者の多くは中産階級で、箪笥預金などをはたいて市場に参加してきた人が多い。中国の信用取引は日本同様に4倍までが限度額だが、街のヤミ金融などは10倍まで貸し金を営む悪質業者が存在し、悪化のスパイラルに拍車をかける。今回の下落で破産した人が多い。

バリ島で開催されたG20の中央銀行総裁・財務大臣会議でも、易鋼（中国人民銀行総裁）の記者会見は歯切れ悪く、しかし、「金利ならびに預金準備率の引き下げ余地があり、政策で調整は可能だ」と会見した。直後に中国は預金準備率をまたも引き下げ、市場に12兆円を供出した。

不動産暴落による暴動の予兆も始まった。

「フォレストシティ」にマンションを建てて投資家に販売してきたのが碧桂園（カントリーガーデン）だったことはしばしば指摘したが、同社のマンションギャラリーに投資家があつまって抗議の声、「騙された。金返せ」と大騒ぎに発展した。

フォレストシティの物件は1万件販売の8割を中国人が購入した。同社の株価が暴落し10月11日の1日だけで7・1パーセントの下落だった。中国全土でも主要40都市でマンション価格は25～30パーセントの下落に見舞われ、箪笥預金をはたいて投資した中産階級とおぼしき購入者が陸続とマンション販売会社に押しかけ、「どうしてくれるんだ」と抗議の声を叫んだ。投資はリスクがつきものであることを納得できないらしいのだ。

さらに追い打ちをかけるようにマレーシア政府は亡命を希望している逃亡ウイグル人をトルコへ送り出し、中国の強圧をはねのけて人道を尊重する措置をとった。

過酷な弾圧を逃れてウイグル人の若者らが決死の逃避行を続けている。すでに数千、数万のウイグル人はカザフ経由などでトルコ入りした。過激派はイラク、シリアのＩＳキャンプに志願した。

２０１４年以来、ウイグルから雲南省など山道、けものみちを越え、別のルートと辿ってタイにたどり着いた数百のウイグル人はタイの収容所に暮らし、国際社会は１日も早いトルコへの帰還を呼びかけてきた。ラビア・カディール女史が率いる「世界ウイグル会議」も様々な機会を通じて、国際機関に必死に訴えてきたにもかかわらずタイ政府は２０１５年に、このうちの２００名を中国へ強制送還した。タイの無慈悲な行為に国際社会は批判をやめず、最近はロヒンギャを弾圧したスーチーと並べて批判してきた。

タイの収容所から11名のウイグル人が脱走し、マレーシアへ入国していた。マレーシア政府はこれらの亡命希望者をトルコ政府と秘密交渉のすえにイスタンブールへ送り届けたのだ。

ことほど左様にマハティール新政権は、いかなる中国からの恐喝や強要をも無視して、人道主義に基づく決断をなしたことは高く評価される。

また後継者も確定した。10月13日にマレーシア下院補選が行われ、選挙管理委員会はアンワル（元副首相）の当選を発表した。

マハティール与党「希望連盟」から出馬していたアンワルの得票率は70パーセント以上の圧勝で、「この勝利は政権への信任だ。とても満足している」とした。この当選によって、アンワルはマハティール首相から首相職を引き継ぐための最低必須条件である国会議員に復職し、またマハティール首相は2年以内に首相の座を譲ると公約してきた。

▼フィリピンも親中姿勢が揺らぐ

ロドリゴ・ドゥテルテ

ドゥテルテ大統領が実践した麻薬撲滅政策において、密売人を7000人射殺、仲買人など数万人を刑務所にぶち込んだ。欧米はそれが非人道的だと批判し、とくに米国はフィリピンへの武器供与を中断した。

米比関係冷却の隙に乗じて中国が入り込んだが、これも口だけで実行が伴わず、一時の中国フィーバーは醒めた。棚上げしてきた国際仲裁裁判所の判決（スカボロー岩礁の帰属を巡る裁判はフィリピンの完全勝訴、中国の言い分には幾ばくの根拠もないとした）を、ドゥテルテ大統領は外交カードとして再活用する道も探り始めた。

２０１８年9月2日、ドゥテルテ大統領はイスラエルを電撃訪問し、３日間滞在して、次にヨルダンへ向かった。いずれもネタニヤフ首相、アブドラ国王の招待に応じたものだが、フィリピン大統領が両国を訪問するのは初めてのことだった。

フィリピンの出稼ぎはイスラエルに2万８０００名、ヨルダンに4万８０００名、中東全域で、じつに合計１００万人が働いている。フィリピンのＧＤＰの15～20パーセントが、この海外への出稼ぎからの仕送りで成立している。

ドゥテルテ大統領は両国のフィリピン・コミュニティの歓迎集会に出席して温かい歓迎を受けた。

イスラエルの新聞『ハーレツ』（２０１８年9月2日付）が伝えた。「ドゥテルテ大統領のイスラエル訪問の隠された目的」とは石油と武器にある。フィリピンは既にイスラエルから、レーダーや対戦車砲など２０１７年実績でも２１００万ドルを輸入している。

フィリピンも中国一辺倒を改めたのだ。

▼トランプは韓国を見限った

「半島は廊下だった」。ゆえに民族のアイデンティティは「反日」で糾合するしかない。すべては日韓条約で解決しているのに、いまだに戦時中の徴用工補償をめぐって日本を訴え、裁判所が法治を無視した判決を下し、反日国民が燃えるという愚劣な行為の繰り返しに、日本政府も怒りを込めて「解決済み」と突っぱねるのみだ。

自由・韓国の死が刻々と近付き、トランプは韓国を見限った。かつて反共で強い結び付きのあった米韓関係は急速冷凍だ。

韓国の文在寅政権は北朝鮮との統一に猛進している。なにしろ親北で極左の活動家が大統領となって国家を率いており、まして国民にアイデンティティが稀薄なのだから、北朝鮮との統一に動くのは、むしろ当然の論理的帰結である。

法治主義を謳いながら、司法は権力と癒着している。司法の独立などというのは絵空事、正統性を欠如した国柄だから、歴史の捏造は日常茶飯事。卑劣という概念がない民族だから、専制政治に奇妙な憧れを抱く。李朝の後継を金王朝と位置づけるのだ。

米朝首脳会談が象徴した出来事は何かといえば、トランプは韓国に見切りをつけたという明白な、地政学にとって地殻変動的な近未来のシナリオが手に取るように読めることになったことである。

古田博司『「統一朝鮮」は日本の災難』（飛鳥新社）ではこう述べている。

中朝は、なさぬ仲なのだが、くされ縁のように助け合い、状況次第で互いに平然と裏切るが、それを背信として恨むことなく、この関係が中国共産党と朝鮮労働党のように近現代まで継続している。これを「相互不信的幇助関係」と呼ぼう。

また、朝鮮は地政学的に「行き止まり廊下国家」を余儀なくされており、守ることが困難なため、為政者は伝統的に無責任な統治要領をつちかい、これも近現代まで継続して見られる。

となれば、朝鮮人のアイデンティティを探し求めることは歴史学の徒労とも言える。古田博司・筑波大学名誉教授はこう続ける。

韓国のあがきは一体何かといえば、それは「島化」して分からなくなってしまった自分の出自の再構築であろう。いわば他律性の歴史から自立性の歪曲史観をひねり出すためのあがきなのである。そのためにトルネードのごとく韓国は日本を巻き込みつづけた。

古田博司『「統一朝鮮」は日本の災難』（飛鳥新社）

対照的にトランプ政権は台湾への梃子入れを強化した。

▼米議会に強固な台湾擁護法案が提出され、北京は大あわて

米中貿易戦争により、もっとも激甚な株安、そして経済の先行きについて制御できないほどの不安に襲われたのは中国は当然にしても、じつは台湾の株式下落のほうが大きかった。中国と台湾ではいまや経済規模がことなるからだ。台湾の株式市場に1200社が上場している。その殆どの台湾企業は中国大陸へ進出している。中国にどっぷり浸かるという悪夢の泥沼から台湾企業はなぜ這い上がれないのか。それは貿易メカニズム上、中国を基軸とするサプライチェーンに台湾経済がずるっとビルト・インされてしまったからだ。

反共の政治立場とか、イデオロギーとかは横に置いて、島嶼国家としての台湾は地政学的経済学からも、対岸の中国福建省、ならびに香港経由の広東への進出は生き延びるためには避けて通れない宿命だった。

過去30年、累計4800社もの台湾企業が中国大陸のあちこちへ上陸して拠点を開設してきた。これらには個人企業的なラーメン屋から中国大陸につくった愛人に経営させているスナック店など小規模な投資も含む。

いまさら蔡英文政権が呼びかけるように中国国内の工場を台湾に戻すのは種々の条件を考慮しても、短時日裡の実現が難しい。第1に台湾は狭い国土、工場を造成できる広い土地がない、第2に水資源の問題がある。第3はマンパワーの不足である。エンジニアは殆どが国外へでたからだ。そのうえ日本と同様に台湾は出生率が低く、労働力を死活的に欠いている。

現実に台湾へ工場を戻すとした大手企業はクアンタ・コンピュータ社くらいで、大陸からは撤退するが、代替工場をフィリピンへ移動するとしたのはデルタ・エレクトロニクス社（アップルに部品を供給）、また中国・深圳《しんせん》に新工場を造るが、同時にアメリカにも工場をつくるのが鴻海精密工業である。この鴻海は中国大陸系企業とされ、日本のシャープも買収したが、経営者の郭台銘は台湾生まれ、御先祖は山西省からやってきたので、外省人である。

台湾の貿易構造は輸出の41パーセントが中国大陸向け（1302億ドル）、残りのうち13パーセントがアジア方面（673億ドル）という歪つな構造であり、しかも年初来7カ月の統計をみるとベトナムへの投資が6億2000万ドルで同時期に大陸への投資が53億ドルとなって、あべこべに増えている。

一方、米国は、台湾と外交関係を絶った国との外交関係レベル降格を法制化へ動き出した。トランプ外交は、「ひとつの中国という原則には拘らない」とするもので、「台湾旅行法」を制定し、政府高官の相互公式訪問を合法化した。蔡英文総統の訪米ではNASA視察許可、ロサンゼルスの台湾コミュニティにおける講演会開催など政治活動を認めるという歓迎ぶりを明確に内外に印象づけた。

しかし中南米並びにオセアニアの島嶼国家では8月のエルサルバドルの台湾断交につづいて中国との国交樹立への動きが急だ。

米国務省はエルサルバドルの台湾断交に際しては、「深く失望した」とする異例の声明を出して大使を召還した。

２０１８年9月3日、米国連邦議会上院の超党派議員グループは、「台湾と断交する国々に対して、軍事上の財政支援、環境保護援助などを停止する権限を国務省に付与する法案（台湾同盟国際保護法）」を提出した。中心は反中派の議会代表格であるマルコ・ルビオ上院議員、コリー・ガードナー上院外交委員会アジア小委員会座長（いずれも共和党）、そして民主党側からもエド・マーキー、ボブ・メネンデス議員等が加わった。

「中国の工作に従って、今後、台湾との外交関係を断絶する国々に米国政府は関係レベルの降格をなす」という、嘗てなかった台湾擁護姿勢を鮮明に著した動きとして、大いに注目される。

この対象にはバチカンも含まれるようである。

▼東ティモールはジャイカの支援でインフラ整備中、隙間をぬって中国が大々的に進出

世界が存在を忘れかけている小さな島嶼国家がもう一つある。東ティモール島には東西に別れた2つの国家が併存する。オランダの植民地だった西ティモールはインドネシア領のままだが、東はポルトガル領から一度はインドネシアに帰属し、2002年に正式に独立して「東ティモール共和国」（ポルトガル語では「ティモール東部」）となる。

政情不安、政治対立が続行しているため、都心でも放火されたビルがそのまま残骸を晒しいまも国連軍が治安維持を担っている。

この国にぬっと入り込んで大統領府ビル、外務省と国防部のビルを建てて寄付したのが中国である。凄まじい進出をなしている。

人口僅か118万人。面積は飛び地も含めて関東四都県（東京、神奈川、千葉、埼玉）程度しかなく、通貨はなんと米ドル、公用語は現地語（テトゥン語）とポルトガル語。住民の99パーセントがカソリックという異様な政体の国である。ポルトガル大使館は国会議事堂の横にあるが影響力はゼロに近い。海岸沿いの大使館街に米国、韓国に日本と中国が並び、存在感がある。東ティモールに圧倒的影響力をもつのはインドネシアとオーストラリアである。

しかし例によって中国の影響力が日増しに強烈となり、強烈なスピードでの進出ぶりだ。

そこでこんどは東ティモールの首都ディリへ飛んだ。

日本から直行便があるわけはなく、バリ島で乗換のため1泊。1日2便しかないディリ行きの便へ。ロンボク海峡を越え、北にフローレス島を見ながら雲の中を下降し、もと日本軍の水陸両用飛行場跡を埋め立てた空港へ着陸した。

機内は半分しか乗客が埋まっておらず、ジャカルタとディリ間の便は休眠中だ。おりしも乾期で、雨は降らずバリ島より猛暑、タラップから歩いて入国管理事務所へ。ここで入島税30ドルを支払う。

怖ろしいほどの田舎町。平屋建て、茅葺き、藁葺きの掘っ立て小屋が軒を連ね、道ばたの露店が商店街なのだ。肉屋は天日の屋台。行商人は天秤棒にバナナと落花生を売り歩く。

GDPは60億ドルしかなく、しかも8割が原油とガスの収入だから国民の70パーセントは貧困のままである。独立後も暴動が頻発したため本格的開発が進捗しない。

道路は埃だらけ、塵だらけ。広告塔が殆どなく幹線道路だけが舗装されている。意外にこの国は左側通行である。

筆者にとって東ティモールへの興味は、アジア諸国の中で唯一訪れたことがなかったからだが、同行した高山正之氏と福島香織氏は、別の取材目的がある。そのことは後述するがホテルに旅装を解くや、真っ先に向かったのは国際協力機構（JICA＝ジャイカ）の事務所だった。この国で日本の存在といえばジャイカの活躍なのである。

東ティモールに対して日本は無償・有償を含め、インフラ整備と農業指導に巨額を投下している。

なにしろディリから第2の都市バウカウ（距離およそ80キロ）へ向かう道路は未整備、部分的な舗装道路もあるが、ラレイア河の橋梁建設で日本が協力を惜しまない。飛島建設の事務所もある。

走っている車はと言えば、トラックは中国製が多いが、乗用車、タクシーは殆どがトヨタである。とくに四輪駆動でないと山道をドライブするには無理がある。市内のタクシーはブロックごとに1ドル。名勝地キリスト像まで5ドルという安さ。想像とはちがって東ティモールは山国なのだ。

海岸線をハイウェイが繋がり、すぐに行けると考えたのが大間違いで、取材の第1目的だった旧日本軍基地跡や洞窟へは、旅行代理店に打診しても行くのを躊躇った。

「その旅程では、ウチでは無理です」と言うのだ。それでジャイカのオフィスへ行って相談することになった。

ジャイカは奥地に入って米作りの指導をしており、バウカウへ行く途中の道路工事も資金を出している。だからジャイカには出入りの運送業者が多いのでアレンジを急遽依頼したところ、ベテランの運転手がやってきた。

朝9時ホテル発、夜10時ホテル着という強行なドライブ旅程が組まれた。

▼日本がカネを出し、中国が工事を請け負う

山道、つづら折りの峠、砂利道はガタビシと振動するので、胃がおかしくなる。2時間ちょっと走ってようやく休憩所らしきドライブイン。バナナに飲料水と焼き魚、ビールはない。老婆の売り子、トイレは壊れている。10年前の中国の奥地の風景を思い出した。至る所で中国企業の看板には驚かされた。「中核」は原子力発電の会社だが、東ティモールでは発電所を作っている。

ラレイア河の橋梁工事現場では中国人労働者が多く、河川敷に弁当箱の容器が無造作に捨てられている。

「ジャイカがカネを支払い、中国人が工事を請け負い、労働者は中国から数千人が来ている」とドライバーが言うので、「現地人の雇用は?」と訊ねると、

「中国人の日給は10ドル、ところが我々ティモール人労働者は1日3ドル。それでも現地雇用

は殆どないです」

時代を75年前に巻き戻すと、当時、この地を占領した日本軍を、海から上陸して攻撃しようとしていたオーストラリア軍。

秘かに侵入してきたオーストラリア軍のスパイを捕まえ、暗号と通信方法を知った日本軍は、爾後3年にわたって偽電報をスパイに打たせていた。

曰く「日本軍は精鋭部隊が20万。攻撃したら粉砕される」と偽通信で攻撃を断念させたうえ、「現地人を組織化し抗日グループを組織中だから食糧、タバコ、酒を送れ」などと伝達させ、間抜けにも偽情報を信じたオーストラリア軍が大量の荷物を投下したのが、この河川敷だったのだ。日本軍はラッキー・ストライクで紫煙をふかし、スコッチ・ウィスキーを毎晩のように愉しんだという。

戦争裁判では、あまりの不名誉のためオーストラリアは、この件を一言も漏らさず、日本軍は意気軒昂に引き揚げた経過がある。

奥地の山稜にその日本軍が掘った洞窟が20カ所ほど残っており、付近の村民は日本にきわめて協力的だったという。髙山、福島の両氏はこの過去の日本軍の活躍ぶりの裏付けをとる取材である。

さて筆者はといえば、初めて聞く日本軍活躍歴史もさりながら、いったいこの山岳民族はどういう暮らし向きなのか？　たしかに主食はバナナ、トウモロコシ、椰子の実にパパイアなどが豊富である。

山稜がどんと海に落ちるような地形、ところどころなだらかな丘陵（棚田が拡がる）、平野部が山々の狭間にあって漁業も盛んだが、物流システムがない。だから農作物も地元でしか消費できない。水が豊かなので水田もあるが、農業技術は遅れている。耕耘機の代わりが水牛、山羊に馬車。文明が1世紀近く遅れている。なんとしても大量の消費者に輸出するアクセスが必要でありジャイカの活躍はこの分野だ。半分以上が未舗装の砂利道、ものすごい砂埃を上げて、バウカウまでたどり着いた。午後2時、ここで遅い昼飯、ポルトガル風の瀟洒なレストランだった。

定期バスは小型マイクロバス。乗客はぎゅうぎゅう詰め、屋根にも乗っている。山頂から海に落ちたら死ぬだろうと想像する。西洋列強の植民地政策は学校もインフラも整備せずひたすら搾取した結果だ。

東ティモールの存在は、1975年まですっかり忘れられていた。

海底に石油が発見され、国際社会の関心が俄に高まった。欧米がインドネシアの領有地を攻撃し始めたのだ。そしてポルトガルとの混血人が東ティモールのエスタブリシュメントを形成

シャナナ・グスマン

しているため、指導者のグスマンが初代大統領となり、カソリックのペロ司教と活動家のオルタ（のちの首相）にノーベル平和賞を与えて、一気に「旧宗主国の代理人」としての活動家を駆使し、独立させる。典型的な欧米のやり方である。後日談だが、このオルタ前首相は「中国は毎年７００万ドルを支援してくれるが、大して目立つわけでもなく全体からいえば中国の存在など際立ってはいません」と発言している。

国際社会の支援を得て、東ティモールは無理矢理、インドネシアからもぎ取って独立したわけで、（国際法上はポルトガルからの独立でインドネシアは不法占領とされる）、むくれたインドネシアが東ティモールを放棄した。数万人の住民が西ティモール側（インドネシアに帰属）へ移住した経緯がある。

インドネシアの不満は、たとえばさんざん面倒を見て特例法で支援した沖縄が独立すると仮定したら、日本がどれほどむくれるかを想像すると理解できるかも知れない。

インドネシアは米国に反撥を強め、空軍の戦闘機をミグに移行し始める。オーストラリアは海底油田権益をもとめ、大々的に進出する。

ここへ割り込むように侵入してきたのが中国だった。

もともとディリには16世紀頃から華僑の移住が確認されており、小さいながらもコミュニティがあった。近年、プロジェクトを餌に新しい中国人がやってくると港湾整備、コンテナヤード、大型クレーンにトラック、セメント工場、そして発電所建設と、ニューチャイナタウンがあちこちに出来て、りっぱな中庭を備える関帝廟（金儲けの神様）やら超豪華な中華レストラン、ショッピング・プラザはホテルも兼ねて、ここへ行くと若い中国人だらけだった。オープン・カフェの客も8割方が中国人となって中国語が飛び交っていた。

「インドネシア時代、国家予算で道路整備も計画性があったのですが、東ティモール独立後は予算もままならず工事もなにもかも遅れ気味、中国の進出はその隙をついたとも言えます」と、現地の事情通が説明してくれる。

ともかくマシなレストランを探すには苦労を伴い、ホテルのフロントで紹介して貰ったところへ毎晩通う羽目となった。

タクシーで15分ほどの海岸通りにある「レストラン街」（と言ってもトタン屋根、粗末なテーブル）でタイ、ポルトガル、無国籍風料理、ワインはポルトガル産だった。

ところで東ティモールの政治課題はＡＳＥＡＮ加盟である。

表向きインドネシアが反対して議題にもならないのだが、２０１１年に東ティモールは正式に加盟申請をしている。

ＡＳＥＡＮは10カ国の持ち回りに年次総会を開く。くわえてＡＳＥＡＮ＋３など国際会議が目白押しで、ホスト国になれば国際会議場から宿泊施設、同時通訳のスタッフにリムジン、飛行場の拡充などが求められ、まだまだインフラ整備が遅れている状況で正式加盟は無理だろうと国際社会は見ている。治安の面でも不安が残り、１２００名程度の軍隊では心許ないというわけだ。

２０１８年のＡＰＥＣ会場となったのは、パプア・ニューギニアだったが、ＡＳＥＡＮにはオブザーバー資格。国際会議場は中国がつくり、警備はオーストラリア軍が担ったのだ。

▼孤立するミャンマーに入り込んだ中国

アウンサン・スーチーの国、ミャンマーも近年、雲行きが面妖である。

国際的に孤立を深めるミャンマーに「異常接近」をなしているのが中国である。いまこそ千載一遇のチャンスとばかり、脇目もふらず乗り出した。両国関係はテイン・セイン前政権が36億ドルのミッソン・ダム建設中止など揉め事（発電の90パーセントが中国へ行くことが分かったため）が重なり冷え切っていたのだから、意外な進展である。

ロヒンギャ問題で、欧米から非難され、ノーベル平和賞を返還せよとまで酷評されているスーチーは、嘗てほめあげてくれた欧米メディアが突如立場を変えて、連日批判するため国際的に孤立した。

もとよりロヒンギャ問題の元凶は英国の植民地支配の残滓であり、スーチーに罪はなく、彼女はただ無能なだけだ。英国の旧ビルマ分割統治のため、イスラム教徒を大量に移住させて対立させ、宗主国の支配を磐石なものとしたのだ。ビルマ人は仏教を信仰する。

「ミャンマーの言い分が正しい」という中国の応援歌は十分に理解できる。中国が狙うのは既得権益の石油とガスパイプライン保護とチャウピュー港の開発であり、習近平がスーチー政権に持ちかけている巨大プロジェクトはＣＭＥＣ（中国ミャンマー経済回廊）である。

げんに中国は、イスラム教徒のロヒンギャが棲んでいたラカイン州南部の開発に当面の目標を置いている。

北部シットウェーから南、インド洋につき出したチャウピュー港を大々的に開発し、工業特区、病院、学校、ホテルを建てるとして工事は開始されたが、期待ほど迅速に工事が進まないのはアクセスの悪さと電力供給がままならないからである。

停電ばかりでは工事も中断を余儀なくされる。チャウピューには立派なホテルも２軒ほどあるが、停電がしょっちゅう発生するので冷蔵庫のビールは冷えていない。

ここへきて、インドが安全保障の観点から、ミャンマーの梃子入れを始めた。副次的目的は中国とのバランスを取り、安全保障面でのリスクを低減させることにある。

インドの地政学から判断すれば北西のパキスタンは中国との軍事同盟であり核武装している。真北のネパールはマオイスト政権（それでも中国主導の25億ドルの水力発電は中止）、東のバングラデシュもチッタゴンの港湾開発プロジェクトは中国が応札し、南東の外洋に浮かぶスリランカも親中派から政権は替わったが、また親中派ラージャパクサ前大統領が首相に復活しかけ、南西のモルディブにしても中国からの「借金の罠」に落ちてようやく親中派政権は倒れたが、政情不安定と来ている。近隣諸国でインドの同盟国はブータンしかない（ブータンだけは中国と国交がない）。

地図を拡げていただきたい。インドの東部山岳地帯はミャンマーと国境を接している。インドの最北東部アルナチャル・プラデシュ州はミャンマーのパンソー峠、日本が戦ったインパールが位置するマニプル州は、ミャンマーのタムとの間に国境ルートがひらけている。東部深奥のミゾラム州はミャンマーのチン州に繋がる。これまでにも武装ゲリラとの小競り合い、密輸などが報告されている。インドが警戒するのは麻薬の密輸も含まれる。

第1にインドは近年の急速な経済発展にともない石油とガス需要が高まったため、ミャンマーからも輸入する必要性に迫られている。ラカイン州沖合の海底油田で生産されるガスと石油は、1400キロのパイプラインでミャンマーを斜めに縦貫し中国の雲南省へと至っている。

第２に国境地点でも道路拡張や設備拡充による貿易の拡大がある。インドがとくに力点を置くのはマニプル州とタム、ミゾラム州とチン州とのアクセスを拡充し、貿易を格段に拡大したい考え。両国の貿易は２０１６年から２０１７年度に60億ドルだったが、２０１８年は年初か

ら9月までの速報で74億ドル強へ急速に拡大した。

両国の問題はミャンマー北東部に盤踞する武装ゲリラである。インド兵はアルナチャル・プラデシュ州に駐屯しているが、越境が出来ず、かといってミャンマー政府軍は現在北東側のカチン族、シャン族の武装集団との戦闘に追われていて、兵力に余裕がない。

しかもこれらの武装集団に武器を提供しているのが中国軍だから状況はじつにややこしい。

それゆえにインドはミャンマーへの武器供与も視野に入れている。

中国の南アジアへの進出ぶりも瞠目しておく必要がある。

第4章
世界各地で中国批判の大合唱

▼ギリシアのピレウス港の次はイタリアのトリエステ港だ

財政危機に喘いだギリシアのピレウス港の管理運営権はCOSCO（中国遠洋運輸集団）がおさえた。ピレウスは地中海の要衝、海運ルートとしても欧州への玄関口である。日本人に人気の高いエーゲ海クルーズのヨットも、この港から出港する。

旧ユーゴスラビアの北端は、スロベニア共和国である。冷戦時代、この国とイタリアとの境に高い「壁」が築かれ、西側と遮断されていた。自由化のあと、アメリカのクリントン大統領が率先して公式訪問し、歓迎された。トランプ大統領のメラニア夫人もこの国出身のモデルだった。

北西のノヴァ・ゴリッツァの目の前がイタリアで、いまは自由に行き来できる。筆者も3年ほど前に行ってみた。イタリア側とハイウェイが繋がり、イタリアのほうから物価の安いスロベニアのスーパーに買い物に来ている（拙著『日本が全体主義に陥る日――旧ソ連、衛星圏30カ国の真実』ビジネス社を参照）。

そのスロベニアに突き刺さるようにアドリア海の内湾に入り込んだイタリアの港が、トリエステである。

トリエステは古代ローマ時代から軍事要衝だった。欧州で11番目の規模（コンテナの扱い量）

の港は、アドリア海からヨーロッパ大陸をつなぐ。この港から欧州製品が世界各地へ輸出されている。観光地ヴェニスの対岸である。

中国が大規模な投資、インフラ建設を呼びかけているのがこのトリエステ港だ。

ギリシアのピレウスに比べると小規模とはいえ、ターミナルの拡張、倉庫の拡大と物流アクセスの複線化などのインフラを整備すれば、コンテナ扱い量を飛躍させることができると中国が提案した。たしかにギリシアのピレウスは欧州への玄関であり、コンテナの年間取り扱い糧は、375万TEU（20トンコンテナが1単位）。一方のトリエステは73万TEUだ。

しかしピレウスの管理運営権はギリシアの財政難、IMF救済の大騒ぎに紛れて、2016年に中国のCOSCOが30億ドルで買収したが、以後、不正書類や輸入量の誤魔化しばかりか、不法移民がコンテナ輸送されていたことも発覚した。

イタリアのメディアが騒ぎ出した。

「中国がピレウス港を買収したように、トリエステ港は中国に奪われるのではないか」

「スリランカの例にあるように、将来、中国の軍事基地となるのでは」

「NATOと対立を煽る結果にならないか」

楽天的なイタリア人から、こういう悲観的見通しが先にでることは珍しい。しかしフィレンツェの隣町プラートが、気がつけば中国人に乗っ取られていたように、現実に中国の経済的進出の脅威を経験しているからだ。

コンテ政権のジョルデティ官房長官が会見して曰く、

「われわれはギリシアではない（破産していない）。イタリアの土地は一寸たりともチーノ（中国人）には売り渡さない」

さらに付け加えた。

「ピレウスからバルカン半島を北上し、ベオグラードからブダペストへ中国は鉄道を建設しているが、基本的なルートの誤断だ。トリエステからだと欧州の中枢へ繋げる」

この発言にあるように投資は歓迎、買収なら拒否というのがイタリアの姿勢だ。

このイタリア、ギリシアに比べると「大きすぎて潰せないが、救済もできない」とＥＵ委員会が呆れた。イタリアの債務はＧＤＰの１３１パーセント、失業率はつねに10パーセントを超えている。

２０１８年10月14日、ＥＵ委員会はイタリアに「ＥＵの決めたルールに従え」と勧告した。イタリアの財政赤字目標はＥＵ水準の３倍。なにごとも楽天的なイタリアとて、すべてＥＵの基本方針に逆らっているわけではなく、利用すべき所はちゃんと利用している。英国のＢＲＥＸＩＴとは異なり、そう簡単にＥＵ離脱というわけにはいかない。

しかもイタリアではＥＵに反感を覚える愛国的なポピュリズム運動がますます勢いを増大さ

せており、移民排斥の「5つ星運動」が第一党となった。同党は過半数には達しなかったが、「頑張れイタリア」（ベルルスコーニ元首相系）と「同盟」（旧「北部同盟」）と保守連立政権を担っている。

イタリア政治で左翼は大幅に退潮した。コンテ政権は、左翼リベラルの多いEU主流（ドイツ、フランス）とイタリアの政治的スタンスは明らかに違う。とくにサルビーニ副首相は、公然とEUに反旗を翻してきた政治家である。

難民受け入れはドイツが積極的だったが、それが裏目に出てバイエルン州という左翼の牙城でメルケル与党が敗北を喫し（10月14日）、保守党の「ドイツのための選択肢」がはじめて議席を得た。ドイツの姿勢も変わりつつあるが動きが緩慢である。

イタリアは半島の東西から難民が押し寄せる。東海岸は冷戦終結後に、アドリア海からアルバニア難民が、西はシチリアなどを経由してリビア、チュニジア、アルジェリアからどんどんやってくる。シリア難民がピークだった時期はギリシアの島々に漂着し、先進国はかれらを救援せざるを得なかった。イタリアもまた、アフリカからの難民を手厚く救援しなければならず、政治の大きな課題となっていた。

それまでは中国人の不法移民対策に予算とエネルギーが割かれたが、中国人はイタリアで自給自足的であり、問題は学校と公共サービスの分野に限られた。北アフリカからの難民はテント、医療から再教育、給食となにからなにまで面倒を見なければならず、財政赤字が拡大して弱り目に祟り目。肝腎のイタリア人が公共福祉の恩恵にあずかれないではないかとする不満が昂じていたのだ。

▼バルカン半島は火薬庫

バルカン半島は火薬庫。ユーゴスラビアが解体し、7つの国家となったが、そのうちのひとつ「コソボ」は米国とEUの強引な舵取りで独立したものであり、ロシア、中国などが認めていない。

コソボはセルビアに帰属したが、気がつけばアルバニア人が住み着いていて独立を主張した。セルビアと戦争になり、NATOが支援した。コソボ難民およそ25万人は、すぐ南のマケドニアに流れ込んだ。コソボにはいまもNATO軍が駐留している。皮肉なことにコソボの世界遺産はセルビア教会系であり、アルバニア系には遺産がないので、マザー・テレサ記念館を建てた。

さらにやっかいな存在はマケドニアである。

マケドニアの地図をあたまに描くと、北から時計回りに、セルビア、ブルガリア、ギリシア、アルバニア、コソボに取り囲まれている。面積は九州の3分の2程度、人口は200万人強し

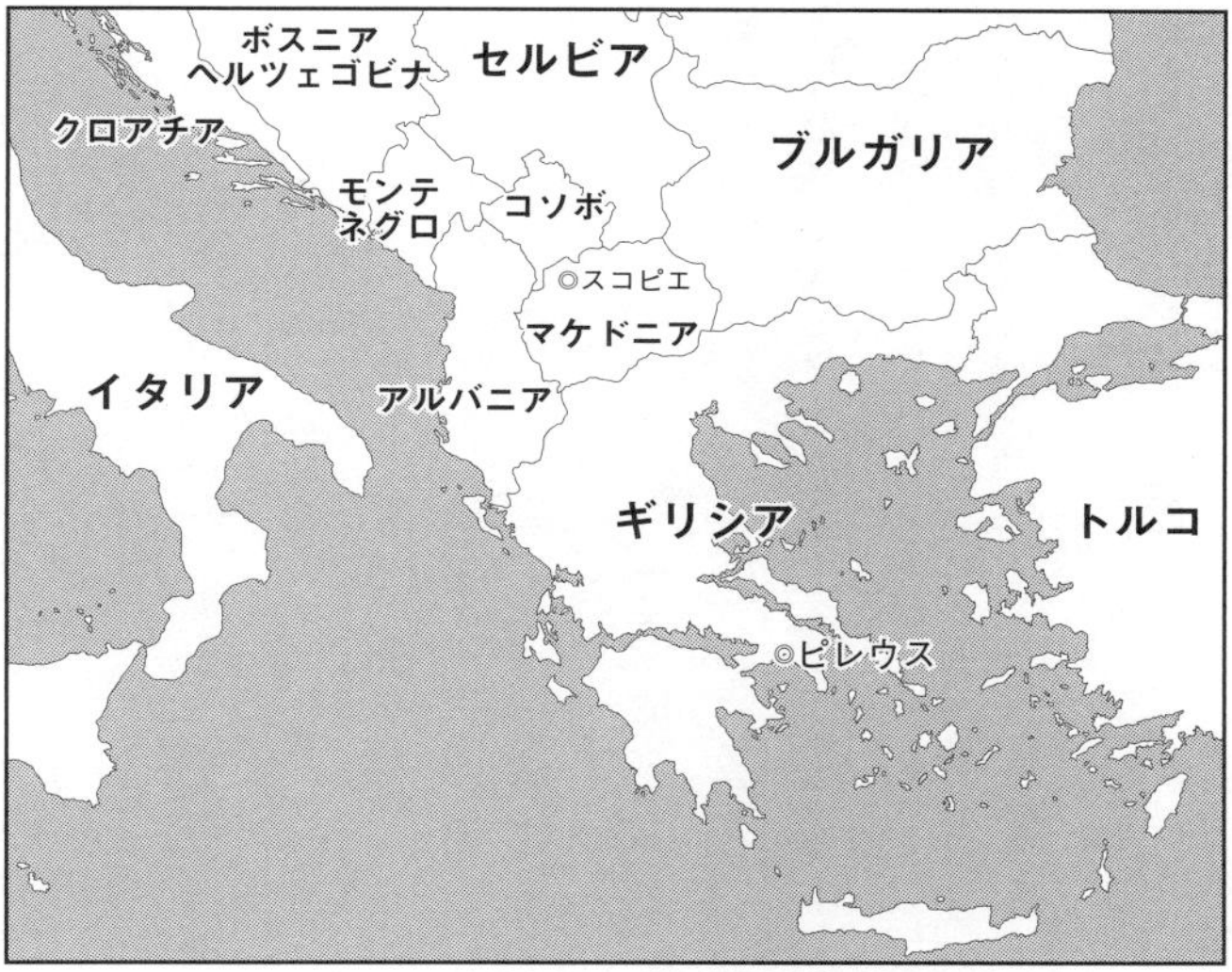

バルカン半島はいつの時代も「火薬庫」である。

かいない。ならばアルバニアと合邦するかと言えば、人口の25パーセントのアルバニア人しか賛同しない。

マケドニアの首都はスコピエである。人口50万人。筆者が訪ねたのは4年前だった。中央の広場にはいつの間にかアレキサンダー大王の巨大な銅像が屹立していたのには驚かされた。

ギリシアの承認を取らないでアレキサンダー大王の銅像を建立したことも、政治問題化した。

銅像ひとつで？　しかし国民の英雄だから激しい論戦となる。

ギリシア北部のマケドニアは現在のスコピエのあるマケドニアとは異なる。アレキサンダー大王の出身は、ギリシアのほうのマケドニアである。人種が違うのに、ギリシアの誇りである。昔のギリシア人は蕃族の侵入と共に何処かへ消え、今のギリシアはスラブ系である。

ギリシアは同様に、国名でマケドニアを名乗るとは怪しからんとイチャモンをつけた。

そこで1993年、マケドニアは国名を「マケドニア・旧ユーゴスラビア」という長い名前に変えて、国連に加盟した。それでもギリシアは納得しなかった。ならば「北」とつけたらどうですか、と交渉がすすみ、2018年6月に「北マケドニア」となった。だが、納得しない国民が多数いるため住民投票をおこなうも展望が開けず、そのために10月17日、チプラス外相が辞任する騒ぎに発展した。

国名をそういう安易なことで変えるなど、よほど主権意識がないのか、アイデンティティの喪失なのか。実際、ブルガリアに支配されて、次がオスマン帝国、その次がチトーの強権政治に甘んじてきたマケドニアには、まだ民族主義は育っていない。

国民国家の限界性を孕みながら、NATOとEU加盟を申請している。北マケドニアへの国名変更はこれほどややこしい。

▼EU本部で考えたこと

筆者は2018年1月にベルギーの首都ブリュッセルにいた。下町からタクシーを走らせてEU本部を見学に行った。

EU本部、EU議会などが集中する一帯は「エリート村」とでも言おうか、机上の空論を戦わせながらワインを飲んで、分厚い書類の山を築き上げる、鼻持ちならない貴族的雰囲気が、このEU村に漂っている。

驚くことにブリュッセル市民は、このEU本部一帯が気に入らないようだ。

ヨーロッパの左右のポピュリズム政党に通底する特色とは、反グローバリズム、反エリート、反既成政党・メディア、そして比重が大きいのが反EUの立場である。

三好範英『本音化するヨーロッパ』幻冬舎新書

EUを守り、ユーロが良いと放言し、既存の既得権益にしがみつく守旧派（かれらがメルケルを支持するグループだが）、露骨に「ドイツのための選択肢」の政治活動を妨害する。ビラまきや集会に嫌がらせにでかける。「ドイツのための選択肢」は反EU、反難民の政治運動だが、選挙の度ごとに支持者が飛躍してきた。

自由、民主主義を危うくする左翼が、健全な保守系を攻撃すると、前者の味方であるドイツのメディアは、最初から「極右」と決めつける。

「左」による「右」に対する攻撃に関してドイツメディアは寛容である（中略）。中国や韓国の度が過ぎた反日運動を表現するときに使われる「反日無罪（愛国無罪）」という言葉を思い出す。

三好範英『本音化するヨーロッパ』幻冬舎新書

ドイツのメディアは一貫して反日である。

そして難民、アイデンティティの喪失。各国に急拡大するポピュリズム。EUは解体へ向かって驀進をはじめたかに見える。政治的変化の地殻変動がEUの策源地だったドイツでおこり、周辺国へ飛び火した。

極左メディアから「極右」と誹謗される「ドイツのための選択肢」は、選挙毎に票を増やし、フランスでも「国民戦線」のルペンが大統領選挙決選投票まで残った。

いずれもあと一歩で、フランスとドイツで政変がおこる可能性が高まったといえる。つまり「エリートの建前は、もう聞き飽きた」という庶民の感情的反応が露骨にあらわれたのだ。

シリアからアフリカからの難民の大量流入が、そうした激変の直接的要因となった。

ドイツ特派員歴が合計10年の長き日々をドイツ取材にすごした三好氏は読売新聞編集委員。かれはリトアニアへギリシアへ、と話題の事件がおこると現場へ飛んだ。

このドイツ政局に中国が絡んでくる。ドイツの親中派の拠点は最西部の港湾都市デュースブルク。三好氏の前掲書によれば「ライン川とルール川の合流点にあり、もともと、世界最大と言われる内陸港をもつ陸湾都市で、交通の要衝」である。

このデュースブルクにおける対中重視は、不景気だった地元経済を、中国からの一帯一路の鉄道輸送のハブとして活性化できた事由により、中国が死活的に重要で、デュースブルクの経済的転換は「中国との関係にかかっている」と港湾関係者は言うのである。

中国の安全保障上の脅威には楽観的で、孔子学院も開設されているが、スパイ機関だという警戒心が薄い。ここが習近平の大看板「一帯一路」の終着駅で、ドイツ最大の親中ムードに溢れる一方、皮肉にも「ドイツのための選択肢」の得票率も一等多いのである。

▼欧州各国にも反中の風

「中国企業の買収を締め出せ」

米国の呼びかけに独英仏、豪加墨が合流したため、中国の対米投資は90パーセント減、中国

への直接投資も激減している
米国の外国投資監査委員会（ＣＦＩＵＳ）は議会決議によりその権限を強化された。中国系ブロードコムのクアルコムの買収（空前の１１７０億ドルが提示された）は拒否された。ＺＴＥ（中興通訊）は７年間、米国におけるビジネスが禁止された。これによって２０１８年1月19日の最終損益は１１７０億円という巨額の赤字を記録した。

ＨＮＡ（海航集団）の米国企業買収も断念させられたが、最近も「シノＩＣ」による「エクセラ半導体」買収（５０００万ドル）などがＵＦＩＵＳの調査によって「国家安全保障上問題がある」として拒否された。

こうした米国の中国企業によるハイテク企業買収阻止の流れは英国、フランス、ドイツに及び、とくに「独中蜜月」といわれるメルケル政権は、中国の大手家電メーカー「美的集団」によるドイツのロボット製造企業「クーカ」の買収を放置したが、その後、原子力設備、備品などの会社である「煙台市台海集団」によるドイツの原子力関連部品の製造機械を取り扱う企業「ライフェルト・メタル・スピニング」の買収を禁じた。

このハイテク企業買収による中国の進出を国防上の理由から脅威視する流れは、英仏独ばかりかＥＵ諸国全体、そしてカナダとメキシコへも拡大した。メキシコは米国企業が進出しているためで、メキシコ企業というより、米国系メキシコ籍企業とみたほうが分かりやすい。

▼スペイン、オランダ、そしてポルトガルは中国の投資に前向き

オランダの首都アムステルダムは駅から運河沿い一帯が、いわゆる「レッドライト・ディストリクト」（赤線地帯）である。

というより「飾り窓の女」で世界的に悪名が高い。ガラス越しにホットパンツの若い女性が客を待つ。アフリカ系、アジア系が目立つ。問題はその奥の路地である。な、なんと、ここがアムステルダムにおけるチャイナタウンである。

誰もが嫌がる地区に中国人は猛然と縄張りを拡げ、レストラン、安宿、そして道教の寺院が並び、気がつけば飾り窓の狭間にも進出している。

フランスでは北部の一部の村がチャイナタウンと化し、またパリでも中華レストランが集中する地区では「外国人はでていけ」とデモ行進があった。パリの中国人は、既に80万人だ。

英国はどうかと言えば、各地に小規模なチャイナタウンがあるが、本格的な、横浜中華街に匹敵するのがロンドンのど真ん中に拓ける。飲茶、上海、広東料理、浙江省紹興の壺入り紹興酒もある。郊外や新都心で高層マンション、ビジネス複合ビル、ショッピングモールを建設しているのは華僑資本。とりわけ香港最大財閥「長江実業」（李嘉誠の本丸）は新都心の一角す

べてを開発し、英国のエネルギー企業も買収した。

メイ首相は女性宰相として辣腕を振るったサッチャーに遠く及ばず、閣内もまとめきれないで、レイムダック入り。ＢＲＥＸＩＴ交渉は遅れに遅れている。


ドイツはべったり「中国漬け」となった「ドイツ銀行」と「フォルクスワーゲン」が問題の中心である。このドイツ銀行の最大株主は王岐山系の「海航集団」だった。年間３５０万台を中国で販売するフォルクスワーゲンに巨額融資を行っているのは「中国工商銀行」だ。このため人権に五月蝿《うるさ》い筈のメルケル首相は、10数回も北京に行きながら、人権についてはアリバイ証明的に述べるだけで、おざなり。とうとう地方選挙に連敗し、「さようならメルケル」と国民から弔鐘を鳴らされた。

中国は前述の通り、ロボット企業を買収したが、ようやく国家安全保障上の脅威と認識したメルケルは以後の買収を阻止した。デュッセルドルフに近い飛行場の運営権を中国企業に売却したが、住民から不満の声が上がった。

港湾や空港の管理運営権利を中国に売却すると、どうなるかといえば、ギリシアのピレウス港の悪例がある。

インボイスの誤魔化し、申告しない量の物品が陸揚げされるばかりか、人の密輸も行われているとEUはギリシアに警告したほどだ。

イタリアはすでに古都プラートの皮革工場などが中国人に乗っ取られ、イタリア・ブランドの輸出が華僑の利権となった。プラートにはいつのまにか5万人の中国人が住み着き、学校へ行くと半数以上が中国人子弟となっていた。イタリアは人道上、移民排斥が出来ないため、脱税を名目に手入れを行ったが、不正行為は氷山の一角に過ぎなかった。

世界的なタイヤ製造で知られるピレリを中国資本が買収したほか、石油会社のエニ、電力・エネルギー会社のエネルといったイタリア電力の35パーセント株主となり、そして自動車会社・フィアットの株主となった。いくら楽天的なイタリア人でも、あまりのことに悲鳴を上げる。それがイタリアでナショナリズムの回復を訴えた「5つ星運動」の勝利に結びついた。北部同盟と連立し、イタリア政権は反移民政党が担うほどに政治的環境が換わった。変えた要因のひとつが反中感情である。

ポルトガルでは中国の国有企業「中国長江三峡集団」がエネルギー大手「EDP」の筆頭株主に踊りでた。ほかにも幾つかのエネルギー関連子会社、そしてフラッグ・キャリアの「TAPポルトガル航空」や保険大手の「フィデリダート」などの株式を取得した。病院や不動産企業も買収、なかでもマカオ拠点の「KNGファンド」がポルトガルの新聞2社の株式30パーセントを取得した。ポルトガルは地中海と大西洋の中継港として戦略的価値のあるシーネス港のリースをめぐって中国と交渉に入るとし、12月の習近平訪問に備えたのだ。

こうして巨額を投じる中国。効果は覿面で、国連や国際会議の場でも、これら南欧諸国から中国批判の声が殆ど聞こえなくなった。

それればかりかギリシアなどはEU委員会の勧告に従わず、イタリアでも親中派の経済学者が通商次官に任命されるなど、地中海における中国の代理人的な役割を似合う人たちが増えた。ちょうど日本でも与党、その連立政党ならびに財界主流が、これほどの国際環境の変化にもかかわらず、日中友好の幻影に酔っぱらって、「一帯一路」への協力と「日中通貨スワップ」の締結をあの手この手で安倍首相に迫ったが、その政治的力学の環境がよく似ている。

カナダも不法移民の取り締まりを強化する。

米国は中国人留学生のヴィザ供給を規制している。これまでは5年間有効の留学ヴィザだったが、毎年の更新に切り替わった。このため各地の語学学校まで生徒数激減に見舞われている。

カナダは不動産取得を条件に、そこで居住して納税すれば永住ヴィザが付与された。

2012年10月17日、バンクーバー市リッチモンドにある法律事務所が捜索され、18台のコンピュータと段ボール90箱分の書類が押収された。不法移民のメッカと見られた容疑がかけられたからだ。

夥しいフェイク・パスポート、偽の証明書を作成するゴム印などが、この法律事務所から発見された。過去に860人もの中国人の不法入国に手を貸していたことが分かった。

1997年の香港返還前後から、カナダへの不動産投資による移民が急増しており、法律事務所の需要が高く、裏口の斡旋には高額の謝礼が舞い込む。

手口は不動産投資だが、購入した本人は居住せず、ほとんどが妻妾と子供達、ひどい例となると5年間のうち、33日しかカナダに滞在しない人物が浮かんだ。この男は「母親が死んだので、3年間喪に服さなければならなかったから、カナダにくる機会がなかっただけだ」と言ってのけた。

居住証明をでっち上げるために当該物件の電気ガスの領収書まで偽造されていた。

国際的に184日間以上、当該国家に滞在し、納税しなければ市民権は剥奪される。冒頭の王弁護士は起訴され、罰金と7年間の収監が求刑された。

悪い前例は1989年6月6日に50人の不法移民を斡旋したマーチン・ピルズメーカー弁護士事件だった。149件の証拠書類が見つかり、有罪は確定的だった。彼は判決の出る直前の1991年4月19日にトロントの安ホテルで大量の睡眠薬を飲んで自殺した。

カナダにはこれまで5万7000人の中国系が、移民として表玄関から入国している。

▼米国議会、2022年の北京五輪の開催を見直せとIOCに勧告

トランプ政権の対中強硬姿勢、強まることはあっても弱まることはない。米国独自の制裁法案が議会で検討されており、ウイグル人弾圧にかかわっている中国人の在米資産凍結を含む措置を緊急に上程する動きが活発である。

とくに人道に関する年次報告では中国共産党のウイグル自治区における人権弾圧、拷問による死者の情報などを議会が問題にして、とりまとめ役のマルコ・ルビオ上院議員は「少数民族の弾圧を繰り返し、人道に背く国で2022年の『冬の五輪』が開催されようとしている。われわれはIOC（国際五輪委員会）に北京五輪の開催がふさわしいか、検討する勧告書を送る」とした。

上院公聴会には国土安全省長官らが証言台にたち、米国における中国人スパイの暗躍ぶり、中間選挙への介入の実態を証言した。

米国のサイバー・セキュリティー専門企業「ファイア・アイ」の調べに拠れば、「世界各国の銀行に一連のサイバー攻撃を仕掛け、数億ドルを盗取したのは北朝鮮の精鋭ハッカー集団」だという。

特定された集団は「AKB48」に倣ったかのような、「APT38」。北朝鮮政権のための資金

集めが目的で、APT38は、「ラザルスとして知られる闇の上部組織に属するものの独立したサイバー技術集団だ。ハッカーの関して高い技術を駆使して世界中でサイバー強盗をやってのける。おそらく北朝鮮に高度のハッカー技術を仕込んだのは中国軍であろう（ファイア・アイ調査）。

ジョン・ボルトン大統領補佐官は「オバマ政権下の2015年、米政府職員2200万人分の個人情報が中国に盗まれた」と記者会見でのべ、米国の反撃部隊「国家サイバー戦略計画」を正式に発表した。

アメリカはサイバー空間で従来の「防御態勢」から「攻勢態勢」に切り替える姿勢の転換を明示したことになり、トランプ大統領の国連安保理で、「中国による選挙への介入は、私が貿易問題で中国に闘いを挑んだ最初の大統領だからだ」と発言した流れに則っている。

しかも10月10日に開催された上院公聴会でレイ国土安全省長官は、トランプ大統領、ペンス副大統領の発言を裏打ちするように、中国のスパイ活動の凄まじさ、対してのアメリカの対応の遅れを証言した。たとえば中国が農業州アイオワ州の地方紙へ「折込み広告」を挟み込み、「米国産農産品に対する報復関税の擁護」などと主張しているが、トランプは「中国の政治プロパガンダによる選挙介入」と反撃した。

またボルトン補佐官、マティス国防長官がまとめた「国家防衛戦略」では中国を「戦略的競争相手」と定義しており、中国は「国際秩序を破壊している」としている。

中国はもはや「市場的魅力」というより「戦略的な脅威」と位置づけているのである。

▼作戦がまずいと戦いに敗れる

習近平の無謀な戦い、天文学的なカネの無駄使いは、すべて自己過信とメンツへのこだわり、そして正しい情報がもたらされていないという恐るべき現実から成り立つ。

周囲が阿諛追従、面従腹背の組織、側近は権力へ擦り寄る術には長じるが確乎たる判断力や情報に基づいての世界戦略があるわけでもない。権力闘争に異常な関心を示しても、たとえば米中貿易戦争が次にどうなるかという予測能力に欠ける。孫子の国、謀略の専門家がそろってもっと凄いことを仕掛けるという向きは、中国を過大評価している。

おそらく習近平の中国は鄭和艦隊の破綻のように一帯一路の蹉跌、国内バブル破裂、外貨準備払底、経済的破産を迎え、その奈落で作戦の失敗に気がつくのではないのか。

鄭和とは明代の武将で、永楽帝に宦官として仕え、1405年から1433年までに7回にもわたる大航海の指揮を委ねられた。鄭和艦隊は東南アジア、インドから遠くアラビア半島、アフリカにまで遠征し、ポルトガル、スペインの大航海時代の先駆けとなった。鄭和の本名は馬三保。明らかに胡人、しかもムスリムである。先祖はチンギス・ハーンがアジア遠征時、モンゴル帝国に帰順し、元の世祖クビライのとき、雲南の開発に尽力した元王朝のサイイド・アジャッルに繋がるとされ、また鄭和の航海地図はアラビア商人等が中央から欧州にもたらし、コロンブスはジェノバで鄭和の航海地図を買い求め、インド発見の旅に出るのである。

永楽帝は鄭和艦隊を駆使して何をしたかったのか。艦隊派遣という世界史のピークを打った明がその後、文明的に衰退してゆき鎖国したのは世界を見たあとの絶望だったのか。現在の中国は世界に廃墟を輸出し、蜃気楼を「中国の夢」と夢想して、いずれすべてが灰燼に帰そうとしている。習近平の作戦の大失敗がまもなく露呈することになる。

戦争は「つねに想定外の出来事に対処する」という心構えと準備が必要である。「不確実性との戦いに勝つ」のが勝者の条件である。

堂下哲郎『作戦司令部の意思決定』（並木書房）に拠れば、世界一の軍隊を誇るアメリカ軍には「統合ドクトリン」が存在し、そこで教えられている基本は「戦略」「作戦」「戦術」である。「作戦アプローチ」を導き、次に「作戦計画」を設計し、それを実行するという工程がある。そのうえで、「意思決定を阻害する落とし穴」の考察がある。以下、要約を述べる。

ここでは「個人に起因する要因」について論考してみるが、まず「論理上の誤り」。すなわち情勢が緊迫している状況で、兵力の展開や増強が、果たして「抑止」になるのか、「挑発」となって戦闘の拡大に到るかの考察である。連鎖反応を怖れ、あるいは恐怖に訴えることや、過度の単純化が誤謬となる。情勢判断に期待は禁物だが、既存の判断を補強する解釈に流れやすい。これが「追認バイアス」で、重要な情報を過小評価しやすく、都合の良い解釈で作戦を続行する過ちに陥りがちとなる。

また情勢が変化しているのに、既定方針で突進すれば、非論理的行動となり、投資で言えば「損切り」が出来ない。これが「埋没費用バイアス」と呼ばれる。同時に「隠れた前提バイアス」とは、「無意識的な前提、歴史的類推、思考の枠組み」から生じる「分析、計画作業で意図しないかたちで姿をあらわす可能性がある」という落とし穴である。

戦争では兵士の士気、つまり心理状況の把握が問題である。そこで落とし穴の要因となるのが、自信過剰と過度の悲観であり、また「時間的制約」がもたらす情報過多、視野狭窄、便宜解決、追加情報期待、そして「過度に1つの情報に引きずられてしまうこと」である。

いったん崩れた陣形を立て直すには、敵に倍する兵力がいる。しかし前衛が崩されて、味方の陣形が壊れると恐怖心理が雑兵を支配し、総崩れになってしまうのだ。

こんどはブラジルの変貌ぶりをみよう。

2018年10月28日のブラジル大統領選挙は、「ブラジルのトランプ」と言われたナショナリストのボルソナロが当選し、喜びの声はホワイトハウスから、悲しみと落胆は北京から起きた。

選挙中、ボルソナロは「MAKE BRAZIL GREAT AGAIN」とまるでトランプ風の標語を掲げ、「汚職追放、国有企業削減」ばかりか、「台湾との関係強化」、「イスラエル大使館のエルサレム移転」なども公約としていた。

11月1日、ボルソナロ大統領は初めての記者会見に応じて、「われわれは侵略者から国を守る。基幹産業を外国には渡さない」と発言し、間接的に中国を痛罵した。かと言って具体的に中国への貿易制裁や、規制強化などのプランを発表したわけではない。

ブラジルは人口が2億900万人（世界第5位）という大国である。国民ひとりあたりのGDPは9900ドル、日系移民が190万人、国民の65パーセントがカソリック、そして公用語はポルトガル語である。

日本との関係は歴史も長く、深い。フィリピンから帰還した小野田寛郎少尉もブラジルに渡って牧場を経営したし、近年は日本への出稼ぎが多く、浜松市をはじめ中部地方を中心として各地に「ブラジル村」ができている。安倍首相は五輪委員会で2016年にブラジルを訪問し（このとき東京五輪が決定した）、ボルソナロ大統領当選直後に祝電を送った。

ボルソナロ新政権は反中路線を掲げて、基幹産業の鉄鉱石や農作物への中国資本への不満を述べたが、現実問題としてブラジルが中国を排斥することは考えにくい。

貿易相手国として、すでに中国が米国を抜いてダントツの1位であり、双方の貿易額は750億ドルに達している。そのうえ近年、中国資本は通信、自動車から金融にも及んでおり、27ある州のうち、北部では70パーセントの融資が中国工商銀行によって為されている。

北京はブラジル新政権の出方を固唾を呑んで待っているようである。

▼アフリカへ

習近平が満を持して600億ドルを投じると大言壮語した「中国アフリカ協力フォーラム」は台無しになった。

というのも会議中に、アフリカから輸入した豚に「アフリカ豚コレラ」が発生し、パニックがおこったのだ。習近平の「晴れ舞台」が呪われた会議に暗転した。

3年ごとに開催されている「中国アフリカ協力フォーラム」は2018年9月3日から北京にアフリカ50カ国の指導者を一堂にして開始された。

同フォーラムにはアフリカ54カ国のうち、台湾と国交があるエスワティニ（旧スワジランド）

を除く53カ国が加盟しており、このうち50カ国の指導者が北京へやって来たのだ。

習近平は得意顔で、「中国は今後3年間で、総額600億ドルを援助する」と高らかなアナウンス。本当に実現するかどうかは別にして、この巨額は日本がTICADで表明した300億ドルの2倍である。

日本は国際公約は必ず守るが、中国は守らない。げんに3年前にも600億ドルを言ったが、実施されたのは88億ドル。こんどの600億ドルも、前回の積み残しを加えて多くに見せかけているにすぎない。

習近平は「中国アフリカ協力フォーラム」開会式で、「中国は永遠にアフリカの良き友人で、誰もこの強い団結を破壊できない」とし、要するに究極の狙いである「一帯一路」の意義を再確認した。

また「借金の罠」という西側からの批判に対して、習近平は「中国とアフリカの協力の成果を、単なる臆測で否定しているだけ」であり、米国を念頭に、「覇権主義や強権政治が見える。保護主義が台頭した」などと述べた。

虚ろな響きだった。会議直前の9月1日、遼寧省、安徽省、江蘇省、浙江省などで輸入したアフリカ豚から「アフリカ豚コレラ」の感染が確認され、数万頭の処分が発表された。米中貿易戦争で米国からの豚肉に高関税がかかるため、アフリカ産の豚を輸入拡大した矢先だった。

シエラレオネは西アフリカに位置する。

中国農業省の発表では、2万4000頭が処分された。だが実態はその数倍とも言われ、安徽省や江蘇省の義烏などの豚肉市場は閉鎖された。義烏はアフリカ人やアラブ人が多い輸出基地として知られる。

国連は「アフリカ豚コレラ」はウィルス感染するため、「急速に中国全土を超えて、アジア諸国一帯に拡大する怖れがある」と警告した。

中国からまともな支援を受けると、政変が起こる。

リビアではカダフィが転覆した。ジンバブエでは中国が全面支援したムガベ大統領の独裁が終わった。スーダンは南北に分裂した。いまケニア、タンザニア、アンゴラなどで中国批判が盛んである。

さてシエラレオネという国は何処にあるか？

アフリカ西海岸。元英国植民地。特産はダイヤモンドとココア。世界に悪名が拡がったのはエボラ熱。となりのリベリアと並んでダイヤモンドを産出し、なかよくエボラ熱パニックに襲われ、同国だけでおよそ４０００名が死んだ。

一人あたりのＧＤＰが４７０ドル（２０１６年、世界銀行）しかない最貧地域で、それなのに軍事クーデターが頻発するという特色もある。なにしろシエラレオネという国の名前は「獅子の山」という意味だそうな。

２０１８年5月に大統領選挙があって、ジュリアス・マーダ・ビオが与党候補を破って大統領に当選した。かれは「中国が支援する空港建設プロジェクトはインチキ、だから中止する」と唱えて選挙戦に勝った。つまり「反中」が票に結びついたのだ。

選挙に中国を批判すると当選する。スリランカでマレーシアでパキスタンで、そしてモルディブで、現職が落選したことと共通する。

前述のように、中国の掲げた「一帯一路」の50パーセントがキャンセルの憂き目をみており、この無駄なプロジェクトに投下されたカネは３００億ドルに達する。

▼国内で貧乏な中国人が生活に苦しんでいるのに？

「中国アフリカ協力フォーラム」で、習近平は続けた。
「私たちは虚栄で援助しているのではない。政治的野心も抱いておらず、国際政治上の利益を求めるものではない」

この言葉を額面通りに受け取れば、15世紀の鄭和の大艦隊派遣の再来となる。
習近平はさらに「中国は各国の工業の基幹となるインフラ建設に協力する」と目的を語った。実際に中国は、2000年から2016年までにアフリカ諸国に1250億ドルを融資しているが、大半が焦げ付きになっていると想定される。

アフリカの旧宗主国＝欧米を越えた最大の融資国、貿易相手国となり、アフリカの7つの国には工業特区を建設、またジブチには海外基地を置いた。ジブチのほか、エチオピア、コンゴ民主共和国、ザンビアの中国への債務額が際立つ。

2017年度の中国とアフリカの貿易は14パーセント増の1700億ドルに達しており、中国は農作物を輸入し、多くの消費物資ならびに防衛協力と称して武器を輸出した。会議では150億ドル融資は無利子とし、200億ドルの信用枠供与、100億ドルを開発支援、そして50億ドルをアフリカ諸国からの輸入に使うとした。またモーリシャスとはアフリカ諸国で初のFTAを締結したと発表された。7月に習近平はルワンダ、セネガル、南アフリカ、モーリシャスを歴訪している。

中国の知識人の多くは「国内に貧乏な中国人が生活に苦しんでいるというのに、なぜ遠いアフリカに巨額を援助するのか？」と習近平外交への批判を強めている。

ザンビアの首都ルサカでは、中国に激しく抗議するデモが行われた。「中国はヒトラーと同じ」などのプラカードが掲げられた。Tシャツには、「中国にノーと言おう」というスローガン。エドガー・ルング大統領は中国からの巨額の融資を受ける計画を持ち、これに反対している政党や政治グループは多い。かれらは中国の巨大プロジェクトが既に脆弱《ぜいじゃく》なザンビア経済をさらに悪化させるのではないかとの懸念を抱く。

ザンビアは中国の融資による建設ラッシュが続き、空港、道路、工場、警察署などが普請中だが、いずれ電力会社から通信企業、空港管理権も乗っ取られそうと危惧する声が強くなり、野党は「中国の意図はザンビアからの収奪である。まさに犯罪的な債務を通じて、わが国の経済を乗っ取った」と訴えた。

ザンビアの対外債務は100億ドル強と公表されているが、裏融資などがあってすでに債務不履行を繰り返し、IMFは警告を発している。

▼中東へも

「アラブの春」は、まずチュニジアで独裁者を倒した。ベン・アリ大統領一族は専用機で国外へ逃亡、リビアではカダフィ大佐が殺害された。

アラブの春は次にエジプトへ飛び火し、ムバラク政権が崩壊した。その後、一時的に「イスラム同胞団」の原理主義的政権が誕生したが、やがて軍部によるクーデターで「民主化」の夢はついえた。

「アラブの春」の勢いはここまでだった。シリアに飛び火した「アラブの春」運動は反動を促し、残酷な戦闘、悲壮な内戦をもたらして、米、NATO、そしてロシアが、トルコが介入して泥沼となった。

中国はなりふり構わずこれらの国々に武器を輸出し続けた。

シリアの国土は廃墟と化けた。この空隙にISが入り込み、テロ、荒廃、すさまじき死体の山に難民の大量発生、この難民が欧州へ押し寄せ、独仏伊ほかで、ナショナリズムが高まり、EU、ユーロ危機へとつながる「想定外」の結果を運んだ。

ウクライナの反ロシア派の蜂起は、米国の中途半端な介入によってむしろ混沌が増大し、プーチンの権力基盤を固めさせてしまった。ウクライナ東部は事実上ロシア傘下に入り、欧米は冷

中東動乱も中国がかき回した結果。

戦時代のように、ロシアを軍事大国として脅威視するまでに逆戻りした。

さてサウジアラビアである。

サルマン皇太子による専制恐怖政治は、有力王子らを監禁して財産を吐き出させる一方、「女性の運転」を認めるジェスチャーで民主化を装いながら、イエメンに軍事介入して500億ドル余もの軍事費を費消し、アラムコの上場は見送り、次世代経済計画はほとんど白紙に戻りつつあり、そしてジャマル・カショギの殺害事件だ。

カショギはサウジアラビアの反体制ジャーナリストだった。米紙『ワシントンポスト』の寄稿者として知られ、トルコのサウジ総領事館へ結婚届のために入館したところまでが確認された。以後、消息を絶って、「消された」と欧米メディアが騒ぎ、トルコは総領事館への立ち入り捜査を行った。死体は出てこなかった。

しばらくしてサウジ王家は殺害を認め、容疑者を拘束したと発表したが、トルコは納得しなかった。領事館は治外法権とはいえ、トルコの主権に抵触する。おそらくトルコはサウジ領事館に盗聴器をしかけていた。だから捜査に自信があったのだろうし、その背後には米国からの情報提供があった。またこれを契機に冷え切っていた米国とトルコの関係に改善の方向がみえた。

しかしこの一連の出来事で、ホワイトハウス内部が揺れた。

トランプ大統領の女婿クシュナーが主導した中東外交が、サウジ王家の専制政治と国際非難の余波を受けて崩れかけたからだ。

同時にサウジアラビア政治は思わぬ国際的非難と反撃を前に立ち往生となり、サルマン皇太子の政治力に大きな陰りが出た。ということは、安定性を欠く状況がくると同義であり、次の懸念は石油輸出の継続が可能か、どうか。

イランの代理兵としてイエメンに潜伏する武装集団は、紅海を航行する石油タンカーへミサイル攻撃をしている。サウジはイランへの敵愾心を燃やし、現在の危機的状況を打開、もしくはすり替えるために、軍事行動にでる可能性は否定できない。

かくして「アラブの春」は皮肉にも、「アラブの冬」となった。同時に中国の中東への影響力強化という路線に悪影響がでたとする分析もなされた。

▼産油国からの輸入ルートは確保されたのか

イランの原油輸入禁止は2018年11月4日から施行された。イラン輸出の70パーセント、500億ドル相当が失われるため、イランの通貨は50パーセント下落した。

2018年8月1日、ハイファの海軍幹部学校卒業式に臨んだイスラエルのネタニヤフ首相は「もしイエメンの武装組織『フーシ』（イランの代理兵をいわれる）が、攻撃を続けるのであれば、イスラエルとしては選択肢が狭まり、多国籍軍あるいは有志連合が組織された場合は躊躇なく参加する用意がある」と演説した。

なぜイスラエルが紅海ルートの防衛にまで興味を示したのか？

発端は7月下旬だった。サウジアラビアのタンカー2隻が、バベルマンデブ海峡を通過中、イエメンからのミサイル攻撃を受け、うち1隻が被弾し、サウジが「当面の間、紅海ルートからの原油運搬を取りやめる」とした。世界は石油価格高騰に直面し、この軍事衝突に大きな危惧の念を抱いた。

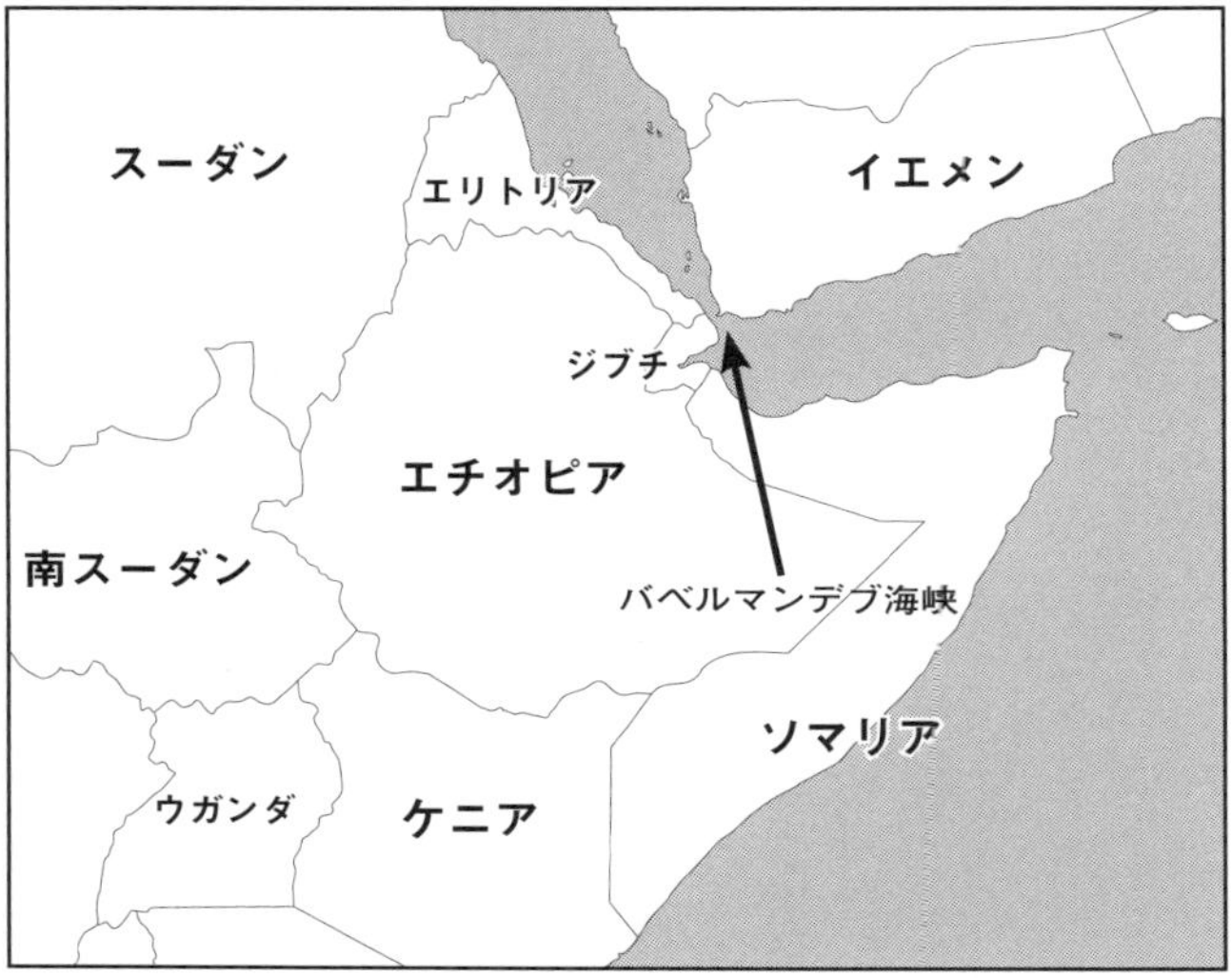

バベルマンデブ海峡周辺

サウジは原油の積み出しをホルムズ海峡側とジェッダ港がある紅海ルートに二分して、安全保障上の担保をはかってきた。

バベルマンデブ海峡は、紅海の出入り口にある。ホルムズ海峡と同様に狭窄な海峡で、幅は29キロ、イエメンの対岸はジブチとエリトリアである。

イエメンの内戦が泥沼化しているのは、サウジが介入し、イランの代理兵「フーシ」がミサイルを持ち込んでさらに激化した。

新興国エリトリアはエチオピアの出口に位置し、ジブチには米軍基地、日本の自衛隊、英国軍に加えて中国人民解放軍の軍事基地がある。

これらの軍事力はアデン湾の海賊退治を主任務に日夜警戒し、タンカーなどの安全航行を護衛している。この航路を通る船舶は夥しく、アデン湾からスエズ運河を抜ける。とりわけ原油タンカーが1日に480万バーレルを運ぶため、世界でもっともクリティカルな航路である。

一方、ホルムズ海峡に関しては、イランが米国の経済制裁に対応し、閉鎖する用意があるといえば、ポンペオ国務長官は「イランを支配するのはマフィア。経済制裁を強化する」などと言葉の戦争をエスカレートさせる一方で、トランプ大統領は唐突に「イランの指導者といつでも会談する」と発言して、イランを揺らした。

双方とも何をしでかすか分からない人がトップに座っているため不安が増大する。

日本の資源ルートの脆弱性と、エネルギー依存源の分散化については、過去半世紀にわたり指摘されてきた。

日本と対照的な戦略をとる中国はどうか。

2017年以降だけで見ても中国はオマーンのドゥクム港開発へ107億ドルの投資、アブダビ工業団地へ3億ドルの投資など湾岸地域やその周辺国への進出を加速している。

イラクやクウェート、サウジアラビア、UAEからも大量の石油を輸入している中国は、一帯一路構想の一環として、湾岸諸国へのテコ入れも怠らない。

アブダビ国営石油会社は、3つの油田の権益を中国石油天然気集団（CNPC）の子会社ペトロチャイナに与えた。

イランでは、2008年頃から中国石油化工（シノペック）が南部のヤダバラン油田開発を主導し、南パルス天然ガス田もフランス石油大手トタル社からちゃっかりと鉱区開発権を取得した。イランもイラクもクウェートもそしてカタールもUAEも中国国有企業の莫大な投資を求めている。

中国は今、着実に中東の油田を抑え、既存の中東秩序を撹乱している。

▼アジスアベバ―ジブチ間の電化鉄道も怪しくなってきた

ジブチはフランス領ソマリランドから独立し、紅海の入り口を扼するシーレーンの要衝のため、米軍が基地を置いた。米軍兵士は4000名が駐屯している。もちろん旧宗主国のフランスの基地（2900人）があるが、この陣地にイタリア（300人）もドイツもスペインも、そして日本の自衛隊も、この地に180名が駐屯している。隣接する米海軍基地は本格的な構造であり、またイタリアや日本が駐留部隊を派遣しているのは、アデン湾の海賊退治が目的だった。

このジブチに中国が割り込んできた。「借金の罠」に引っかかった、というよりジブチ政府自らが中国のカネをアテにして宏大な土地を中国に提供した。中国は免税特区、貿易中継基地の倉庫、工業団地を建設するとして、巨費を投下し、気がつけば、中国初の、しかも宏大な海外軍事基地を保有していた。

米軍の基地使用料は年間6300万ドル、フランスは3600万ドル。中国は2000万ドルとされている。日本の負担額は公表されていない。

ところが、中国の軍地基地は、ドラレという地区にあって港に位置する。その上、エチオピアのアジスアベバからの鉄道759キロの終着駅でもある。免税特区は4600ヘクタール、中国が投資した巨額は35億ドルに達すると言われ、軍人ばかりか、商人、貿易商、労働者、運搬会社、乙仲業者などが入り乱れて出入りしている。しかも中国の軍人らは米、伊、仏、そして日本の防衛作戦の展開をスパイしている。その目的は何なのか?

第1に、米軍はカタールとインド洋上のディエゴガルシアに空母群基地を置いている。米軍の動向、あたらしい設備や方法を観察しやすい地形にある。

第2に、西側の軍事演習の観察から、その整合性、効果を計測し評価できる。

第3に、ドラレ港をほぼ手中にした中国の海軍基地はすでに1万人収容のキャパを誇る。海兵隊、工兵さらには「得体の知れない」物資、設備を陸揚げしている。ジブチは列強のスパイ合戦の策源地となった。

中国の輸出保険を担う「SINOSURE」の幹部は、「アジスアベバからジブチへの貨物鉄道建設でも、すでに10億ドルが失われた」と驚くべき報告をした（『サウスチャイナ・モーニング・ポスト』10月29日付）。

これに加えて「殆どのプロジェクトは財務的に不適切であり、最悪の事態を回避するために規模を縮小する必要がある」との見解を出している。

エチオピアの首都アジスアベバから海岸の貿易中継拠点となるジブチまで756キロの貨物鉄道電化プロジェクトであり、中国輸出入銀行が33億ドルを融資した。すでに10億ドルが消え、工事は進まず、先行きは真っ暗。

さらに真っ暗なのは、こうしたプロジェクト金融を保険でカバーする「SINOSURE」社など貿易保険大手である。デフォルトとなると、損失が明らかであり、過去10年だけでも、200億ドルの損失をカバーした。

ことほど左様に中国の宣伝とは裏腹の事実が世界各地で起きている。日本のメディアはこれらの動向を詳細に伝えないため、全体像が把握できないことになるのである。

第5章

中国国内は矛盾の連続爆発

▼インターポール総裁・孟宏偉事件は「第2の王立軍」

中国が政治的に安定し、経済が順風満帆などと誰が言い出したのだろう？

なにしろ中国が国際機関に送り込んだ栄誉あるポスト、その長だった孟宏偉が中国へ帰国した途端に汚職容疑、規律違反とかの容疑で突如拘束されたのだ。

「孟宏偉の収賄嫌疑は疑わしく、本質は周永康派残党の一掃にある」と香港筋が分析したが、この分析は中華世界では普遍的である。

内外問わず中国人は官製報道を信用せず、口コミが重要なニュースソースである。

「これは『第2の王立軍事件』ではないか」とするのが口コミで拡大しており、理由の第1に挙げられたのが、嘗て周永康が中国の公安と法経系を握っていた時代の副部長だった李東生、楊換寧と政治部主任だった夏崇源らが「周永康の余毒だ」として既に失職している事実だ。

李東生の場合は2013年に早くも拘束されている。汚職の罪状が理由だったが、江沢民派の大幹部だった事由によるとされ、周永康失脚の序曲となった。楊換寧の拘束は2017年5月、また夏崇源は同年10月に「重大な規律違反」として職を解かれた。つまり孟宏偉は周りを囲まれていたのだ。

「王立軍事件」とは2012年2月、成都のアメリカ領事館に政治的保護を求めて王立軍が重慶から車を飛ばして駆け込んだことで、ポロッと露呈した薄熙来夫人の英国人殺人事件の暴露だった。大連で権勢を極めていた薄夫人の谷開来は、殺害された英国人と息子の英国ハロー校への入学斡旋などを通じて親しくなり、欧州における財産管理なども任せていた。しかしカネを巡る諍いが生じ、リゾートホテルに呼び出して毒殺したのだ。

これによって習近平最大のライバルだった薄熙来の失脚に繋がった。王立軍は薄の右腕として重慶特別市の公安局長（副市長兼任）に招かれ、マフィア退治で辣腕を振るった。ところが薄の機密を握ったことで逆恨みされ、身の危険を察知、アメリカへの亡命を希求した。オバマ政権は決断が出来ず、中国の反発を怖れて王立軍の身柄を中国当局に引き渡してしまった。米議会の保守派はオバマの優柔不断をなじった。

インターポール総裁・孟宏偉の事件はいくつかの重要な意味を持っている。

インターポールは世界的な捜査協力、とくにテロリスト、資金洗浄、国際犯罪組織、麻薬と武器密輸の取り締まりが目的であり、中国は海外へ逃亡したおよそ100名の逮捕を目的としていた。

第1にインターポールは100年の歴史（1923年設立）を持ち、190の国が参加する国際機構である。その長として中国の名声を確保した「国際的権威」というイメージが、中国共産党自らが国際スキャンダルを引き起こしたことによって、損傷した。国際世論は中国は信用できない国と烙印を押した。

中国側の反論たるや、詭弁に満ちている。

「西側メディアは行方不明とか、連絡が取れないとか、おかしな語彙で騒いでいるが、中国は厳正に法律に基づいた措置をとっているのであって、とやかく言われる筋合いはない。嘗てIMFのストロス・カーン専務理事がホテルのメイドへの性的暴行で逮捕されたとき、いかなる高位の人物であれ、法を犯したので逮捕したように、孟宏偉も、法を犯したから拘束したまでのことだ」（『環球時報』10月8日付）。

第2に国家の公安部副部長（日本で言えば副大臣。ただし中国の副部長格は5、6人いる）という高位にある人間を拘束するからには、共産党最高幹部の承認があったことを意味する。

つまり孟が周永康派の生き残りであり、周永康はかつて公安系を牛耳り、薄熙来と組んで、クーデターを試みたと噂されたため習近平がもっとも怖れてきた存在だった。

孟が機密を持ち、党に爆弾となるような行動を取るか、或いはフランスへ亡命するなどとなれば、中国共産党にとって不名誉この上なく、巧妙に北京におびき寄せて拘束し、口を封じたことになる。孟が身の危険を十分に認識して、夫人宛の最後のメッセージでナイフの写真を送信していたことが歴然と証明している。

しかし後味のすっきりしない事件で、リヨンに残された夫人は年齢差が大きいうえ、銀行家の娘、つまりセレブであり、双子の子供がいる。すぐにフランス警備当局に身柄の保護を要請し、記者会見には後ろ向きで登場するなど面妖な点が多い。

▼有名人からは脱税容疑で献金を急がせ、民間企業からも税金を搾り取ろう

石平『アメリカの本気を見誤り、中国を「地獄」へ導く習近平の狂気』（ビジネス社）によれば習近平は「裸の王様」であり、「暗君」として、中国はやがて「無間地獄」の奈落へと陥落すると大胆に予測する。

とくに石平氏の次の指摘は重要である。

「掃黒除悪闘争」を展開する習近平は、そのモデルがライバルだった薄熙来が重慶で展開した「打黒運動」にあり、マフィア撲滅運動（打黒）から逸脱し、民間の財閥を犠牲にして、その財産を巻き上げて歳入として経済政策に活用した。じっさいに無辜の民の財産を片っ端から押収し、一方で革命歌を集団で唱わせる歌声運動（唱紅）を、市民を組織して展開し、一種不気味な影響を中央に与えた。薄の狙いは権力への捲土重来であり、習近平を追い落とし、薄自らが党書記の座を奪う戦略に基づいていた。

具体的には2008年から「唱紅」（革命歌集会の奨励）、2009年から「打黒」（マフィ

ア退治)、そして重慶への大々的な外資導入だった。

この頃、成田から成都へ全日空が直行便を就航させたこともあって筆者は何回か重慶に入っている。朝、公園に行くと太極拳、エアロビクス、社交ダンス、空手のほかにバレーボールに興じる市民もいた(気功は「法輪功」対策のため禁止されていた)。公園の中央には歌声集団が何組も集まって紅歌(革命歌)を大声で歌っていた。共産革命を賛美する勇壮な曲だが、なぜか時代錯誤を感じてならなかった。

習はマフィア退治を標榜しつつも、党内の政敵を汚職スキャンダルとかで、薄らを追放し、江沢民派と団派のメンバーを中心に党籍を剥奪し、権力を固めた。腐敗幹部から押収した財産も天文学的である。

新たに狙い撃ちされたのは、有名女優の范冰冰《ファンビンビン》に代表される金持ちの脱税摘発で、ついで民間企業の締め付け、そのトバッチリがアリババのCEO馬雲の辞任に繋がっているのである。アリババの持つビッグデータを共産党は提出するように強要した。馬雲は自ら党員でありながらも「共産党リスク」をすばやく嗅ぎ取った。民間企業も党から財産を狙われているのだ。

石平氏は、習が次に何をやらかすかを冷静に分析し次の予測をする。

「黒」と「悪」と認定された国内の民間企業が身ぐるみ剥がされた後、中国共産党政権は外資企業に手を出す。

石平『アメリカの本気を見誤り、中国を「地獄」へ導く習近平の狂気』（ビジネス社）

米中貿易戦争は、トランプが仕掛けたが、もともとトランプは習近平を「重要な友人」と持ち上げていた。

北朝鮮へ政治的介入を期待してのことだった。ところが何もしないことで、トランプは習近平を見限った。トランプは直接、金正恩との交渉をはじめたのだ。

独裁皇帝の権力は外見からは磐石に見えるが、実態は習近平の肖像画に墨汁をかけた大胆不敵なる女性が出現し、退役軍人が抗議集会を連続させ、公務員は汚職摘発に萎縮して、言われたこと以外は何もしない。だから行政は停滞し、庶民は生活の質を下げ、即席ラーメンをすすり、若者はデートでお金を使うことをやめ、スマホに興じる。

なにしろ5700万人もの退役軍人と3400万人の独身男性は、将来も結婚する可能性が低下し、自暴自棄、やけくそになっている。大学を卒業してもまともな職場がなくなった。かれらこそ社会擾乱あるいは暴動の予備軍である。

有名女優の范冰冰が100日間以上、所在不明となったため「脱税容疑で拘束か」という噂が中国ばかりか世界中で話題となった。

『ＴＩＭＥ』もこの女優失踪事件をとりあげた。

昨年４３００万ドルを稼いだ中国で一番有名な女優。すでにハリウッドに進出し３本の映画に主演、ちかくスパイスリラー映画に挑む予定だった。彼女は「ＴＩＭＥが選ぶ将来に影響を持つ１００人」にも選ばれていた。

『ＴＩＭＥ』２０１８年10月1日号

失踪から１００日ほど経って、中国税務当局が初めて「脱税疑惑を調査中」との事実を認めた。何故、有名女優が脱税に手を染めるのか。

そこには中国の全体主義体制の宿命ともいえる、表現の自由と娯楽の限界性という問題が浮かんでくる。根幹にあるのは一党独裁という政治支配の矛盾である。統治の合法性を強制するために中国共産党はスケープゴートを常に必要とするからだ。天安門事件のダークサイドを隠蔽するために「反日」を活用したように……。

第1に、高額所得者への嫉妬と怨念が泥のようにまざった庶民の単純な反撥心理を、当局が利用している。まさに韓国大韓航空の「ナッツ姫」とか「水かけ姫」のごとく、モラル上、反社会的行動を逆の政治宣伝に利用する。

太子党や中国企業が海外での活動により利益を誤魔化し、脱税、マネーロンダリングを展開しての隠し口座が有名だが、それをすり替える反腐敗キャンペーンで「大虎も蠅も」と主導してきた習近平政権にとって、およその政敵を葬り去ったあとでは、あたらしい「社会の敵」が必要、范は渡りに船だったのだ。

第2は個人からも隠しているドルを巻き上げる意図がある。范は米国に10戸前後の不動産マンションを所有しており、この売却をさせて、隠匿したドルを吐き出させるのだ。

第3に芸能界、映画界にはびこる「二重契約」という伝統である。告発者によれば中国では585人の映画関係者の脱税疑惑の証拠を握っているそうな。

スケープゴートとされた范は釈放されるときに、怖れたのは「スッピン刑」だ。女優の劉暁《リュウシャオ》慶《チン》が巨額の脱税で服役後、報道陣の前でスッピンで公開謝罪させられた。庶民は「ざまをみろ」と溜飲を下げた前例があった。

この背景に中国の音楽・芸術界の女帝の存在がある。

誰あろう習近平夫人の彭麗媛は、軍人歌手でもあり、国民的歌手として人気が高かった。しかし彼女の隆盛は終わった。彭を凌ぐ人気のあった宋祖英が「江沢民の愛人」とか真偽の疑わしい艶聞情報を流し、一時芸能界から干し挙げたことがあった。

宋祖英はミャオ族（少数民族）、長身で美人。海軍政治部歌劇団、江沢民元国家主席（86）

の愛人と言われ、江氏自身も「宋祖英の熱狂的ファンである」と認めて公演チケットを、江氏が命令してあちこちの行政単位に買わせた。

彭夫人にとっては国民的人気を二分するほどのライバル歌手だったのだ。習近平が副主席時代には江沢民を前に「わたしは宋祖英とは大の仲良し」と吹聴した。つまり江沢民に対して、「あなたの弱みを握っているのよ」と示唆した。

嘗て人気トップにあった女優の章子怡《チャンツィイー》にしても薄熙来と周永康の「共通の情婦」で、この2人のスポンサーだった徐明のプライベートジェットで、薄の滞在先へ運ばれたなどと書かれ、「実力者の愛人は当該人物の失脚と共に消える」という原則通りと言われたことがある。

徐明はその後、薄失脚に連座して逮捕され、獄中で突然死。薄と周は「無期徒刑」で監獄にある。

章子怡は名誉棄損でフェイク報道をしたメディアを訴え、勝訴した。根も葉もない噂だったことが分かってからまた人気が回復した。

さて范冰冰の脱税に対し、中国の税務当局は4000万ドル（45億2000万円）の罰金を科すとした。また刑事訴追には到らないとする捜査結果も発表した。

不正書類や偽造書類、二重申告など中国の芸能界においては常識となっている脱税だが、刑務所入りは避けられたとして胸をなで下ろしたファンも多い。

しかし被害は中国国内だけではない。世界的なブランドの広告塔としても彼女は活躍した。CM、動画などのコマーシャル契約で、この中国の大スターは、「モンブラン」「デビアス」「ギャレン」「ルイヴィトン」など世界の一流ブランドのCMに出演していたため、広告主としてはCMの自粛、中断、契約違反による訴訟もさりながら、大きなイメージの損壊と受け取っている。

中国共産党の独裁支配とデジタル全体主義が、いまや巧妙な財務申告の嘘を見分けるAIを搭載して、すべての国民の税務申告を審査するばかりか、アリババ、テンセントなどから収集したビッグデータを元に、克明な監視を行っていたことになる。

ビッグデータの提出を求められているアリババは、共産党管理というリスクに直面し、嫌気がさしてアリババの馬雲はCEO辞任を発表した（馬自身は党員だが）。あらためてデジタル監視社会の恐怖の一端が露呈した、その象徴的な事件をして記憶されるべきであろう。

▼「行方不明事件」は枚挙に暇がない

中国において「行方不明事件」など枚挙に暇がないほど夥しい。

范冰冰のニュースの陰に隠れたが、明天証券のボスだった蕭建華の動静が香港筋から伝わった。江蘇省の刑務所に収監されていた蕭建華は20キロも激やせして、ちかく上海か、その周辺で行われる裁判にあらわれるという。

蕭建華建華が長期滞在していた香港の豪華ホテルから白昼に拉致誘拐され、中国大陸に連れ去られてから1年あまり、杳として行方が知れず、消された可能性もあると噂された。

香港のフォーシーズンズ・ホテルでは8人のボディガードに囲まれて生活していた。

蕭建華は米国に亡命した郭文貴とともに江沢民系とされ、江沢民の孫や、その人脈に繋がる太子党の財産を管理し、インサイダー取引の総元締めだった。あらゆる金融界の裏情報を握っていたため、習近平政権から疎まれていた。

習近平は、江沢民派に繋がる人脈の壊滅を狙って、つぎつぎと側近や財産管理のブレーンを拘束し、裁判にかけてきた。2017年10月までに罰せられた共産党員は134万人にのぼる。

鄧小平の孫娘と再婚して破竹の勢いだった安邦保険の呉小暉も逮捕され、天文学的罰金と懲役18年。このため、もう1人の黒幕、郭文貴はニューヨークに逃れ、つぎつぎと習近平人脈の不正蓄財や海外への資産隠匿名護を暴き続けている。

習近平は江沢民、曽慶紅らの恨みを買い、とくに江沢民派だった軍人の恨みが深く、暗殺未遂事件は明らかになっているだけでも9件。習の乗るリムジンはアメリカ大統領よりも厚い防弾ガラス、16人のボディガードが24時間体制で身を守る。

一方、王岐山とのコネが強い海航集団は、内紛で資金繰りが暗礁に乗り上げているが、反王《アンチ》岐山派の頭目とされたCEOの王健がフランスで事故死（絶壁で撮影を試みて墜落事故）し、「消されたのではないか」とする推測がチャイナウォッチャーの間ではいまも囁かれている。

行方不明事件の典型的事例は「中国のマンデラ」王炳章博士のケースである。

ようやく中国の刑務所にいることが判明し、実弟が面会したところ、王炳章博士は監獄で拷問をうけてハンストを敢行していたことなどが分かった。

王博士は「改革・開放」政策の実践により、第1回の国費留学生としてカナダへ留学、医学博士号を取得し、1982年にNYへ移住。そこで戦後はじめての中国民主化運動を始めた。機関誌『中国之春』のマニフェストは「自由、民主、法治、人権」の4つ。「現代の孫文」と騒がれ、『TIME』などが特集を組み、世界的な注目を集めるや、『中国之春』運動は世界の留学生仲間に伝播。40カ国以上に支部ができた（日本にも、もちろん秘密結社的支部が結成された）。

筆者は直後にNYで博士にインタビューしているが、「日本から来た最初のジャーナリストです」と言われた。翌年も2回ほどあった（詳しくは拙著『中国の悲劇』参照）。

その後、『中国之春』は北京からのスパイが潜入して何回も内部分裂騒ぎを経て、『北京之春』などが創刊され、王博士は「中国民主党」を結成して、主席になった。

1989年6月4日の天安門事件で欧米に逃れたウーアルカイシらは、『中国之春』などを包括して「中国民主陣線」を結成した。ともかく最初の民主の炬火をともしたのは王博士である。彼はその後も危険をかえりみず中国大陸国内に「中国民主党」の支部を結成する活動を続けた。

そしてベトナムから広西チワン族自治区へ潜入したところ、待ちかまえた秘密警察に逮捕されてしまった。

からくりは王炳章の女性の「友人」が最初から囮兼スパイであったと言われ、行動、居場所、予定などが密告されていた。

米国、カナダ政府は北京に対して王博士の釈放を強く要求した。ちなみに、日本政府はなにもしなかった。広東省で裁判が開かれ、理由もなく「無期懲役」に処せられた。爾来、2年ちかく消息を絶った。

広東省の監獄に収監されていることがカナダ政府の度重なる要求により判明、カナダ在住の実弟、王炳武が中国へとんで30分の面会を許された。これが2007年のことで、爾来11年間、まったく消息が聞かれず、米国では留学生を中心に積極的な釈放嘆願署名運動が繰り返されたが、オバマ政権はなにもしなかった。

▼ウイグル人は100万人が行方不明

エジプト留学から帰国したウイグル人の若者が当局に拘束されて行方を絶った。家族が心配して心当たりを捜したが消息を掴めず、同様な「事件」が頻発し始めたのは2017年からだった。

なかには家族が「父親が病気だ」などと偽りの電話を強要され、急いで留学先から帰ると強制収容所に放り込まれた。

そのまま1年以上、合計8000名のウイグル人の若者の留学帰りが、杳として行方知れずとなった。いずれもイスラム圏への留学という共通点があった。もともとウイグル人はイスラム教を篤く信仰してきた。

この弾圧の中心者は、同地区党書記で政治局員の陳全国だ。習近平の子飼いかつイエスマンで、行政手腕が無能でも、おべんちゃらがうまければ出世街道を驀進できる。阿諛追従の才能は秀逸とされる。

ウイグルの悲劇は、このときから一層無惨になった。

中国共産党がウイグルの若者を敵視するのは身から出た錆である。2009年にウルムチ暴動では数百のウイグル人が虐殺された。

このためカザフスタンなどへ潜伏した若者のなかから1万人がシリアの軍事訓練基地へ渡って、ISのメンバー入りした。中国の諜報機関はシリア政府、同時にISにも武器を提供して巧妙に近づき、かれらの動向の情報収集に躍起となった。テロリストとして訓練され、中国に帰ってくることを怖れたのだった。

ISをスピンアウトした過激派は「漢族に血の復讐を。中国人を血の川へ投げ込め」などと煽動するヴィデオを作成し、ユーチューブで配信した。

宗教活動を厳密に規制し、イスラム文化の表現をやめさせ、辻々には検問所を設け、顔識別とAI機器を駆使して手配者の逮捕を強化し、さらに砂漠に次々と強制収容所を設営し、拷問による改宗を強要した。

『TIME』2018年8月27日号

陳全国はウイグルの若者の洗脳教育を始めた。「改宗」しない者は独房に入れて、イスラム教徒が忌み嫌う豚肉しか与えず、しかも独房の狭い牢獄に3人も5人も入れて、つねに睡眠不足とし、洗脳の効果をあげようと急いだ。それでも「直らない」ケースでは家族も強制収容所に入れた。出所してすぐに死ぬという悲劇も相次いだ。

米国の偵察衛星は、収容所の数が急増していることを突き止めた。また強制収容所ばかりか、再教育センターもつくられ、家族全員のＤＮＡや血液が収集されデータベースに入力された。デジタル全体主義の支配システムである。トランプ政権は、このような人道に悖る人権無視の民族浄化を黙ってみることはなかった。

衛星写真の証拠を楯にして、これを対中政治カードとする。ゲイ・マクドゥーガル国連人権差別撤廃委員は２０１８年8月10日、国連委員会で「２００万人のムスリムが強制収容所で再教育を受けているという報告がある」と爆弾発言した。

マクドゥーガル委員は「なかには髭を貯えていた、ベールを被っていた」などの理由で拘束されているとし、「ウイグル人の民族的アイデンティティの喪失が目的だ」と中国を非難した。またウイグル女性は漢族の男性としか結婚できないという規則も強要しているとの情報があり、そうなるとユーゴスラビアでおきたエスニック・クレンジング（民族浄化）の再来となる。

中国側は国連報告をただちに否定し、「あそこは強制収容所ではない、あれは職業訓練センターであり、ウイグル人の教育向上と雇用機会の増大をはかる目的だ。われわれが警戒して取り締まっているのはテロリスト、分裂主義者、過激な宗教活動家だけだ」などと平然と嘯いた。

これはチベットにおける１２０万人の無辜の民と僧侶の虐殺を「農奴解放」と言ってのけた嘘の論理の適用である（チベットに農奴はいなかった）。

またウイグルの動きに触発されて、隣の青海省、四川省、甘粛省、陝西省、寧夏回族自治区などでもモスクの監視が厳格化され、とくに寧夏回族自治区のモスクは「改修」を詐っての取り壊しが計画されたため、数万人の信者がモスクに座り込みを開始した。

米国議会では本格的な中国制裁法案を上程する動きがでた。

9月26日、マリオ・ルビオ上院議員らがよびかけ、中国制裁を具体化するようポンペオ国務長官、ムニューチン財務長官に書簡を送った。議会は超党派で具体的な制裁案の協議に入った。下院外交委員会の「アジア太平洋小委員会」は同日に公聴会を開催しており、フロリダ州選出のテッド・ヨーホー下院議員は、「これはSFではない。リアルな出来事、現在進行中の惨劇だ」と中国を批判した。

在米ウイグル人団体ばかりか、アメリカ人の研究者等を動員して人権弾圧の報告書をまとめ、制裁対象の筆頭に陳全国の在米資産凍結などの措置をとることが盛られた。

なにしろ、中国では国防費よりも治安対策費のほうが多額であることは周知の事実だが、セキュリティ方面の雇用も鰻のぼりで、2012年に1万人規模だったが、2017年には35800名にも膨れあがっている。

このセキュリティ機器、施設ならびに警官の装備で、顔認識サングラス、X線装置ならびに監視カメラの顔認識システムとの連動システムなどに米国製品が使われている怖れがあり、在上海米国商工会議所は「議会の制裁対象には在中アメリカ企業も含まれることになるのでは」と戦々恐々だという。

人民日報系の『環球時報』は「米国は『人権』などと言って介入するな。そもそも米国にそんな権利はない。『西側の価値観』などの絵空事は過激派をのさばらせるだけだ」とぶったまげるような内容を社説に掲げた。

強制収容所で行われていることは職業訓練ではなく洗脳だ。

米国ジェイムズタウン財団発行『チャイナ・ブリーフ』2018年11月5日付

国連の人権委員会が中国の新疆ウイグル自治区における強制収容所の実態を批判したのは、8月である。中国は「あれは収容所ではない。職業訓練センター」だと言い張って、批判を封じ込めようとした。米国の偵察衛星は新設された収容所の場所などを特定し、写真を公開した。治安関係の設備、施設が急増しており、人員も増強され、法務関係のビルも急増していることが分かった。ウイグル人を拘束するにあたり一応、司法当局が略式裁判を行ってから収容所に送り込んでいるからで、収容所内での再教育（という名前の洗脳）を担当するのは法務省（司法部）であるからだ。

予算面から中国の嘘が判明した。治安と司法の関連予算が膨張していたのだ。

ジェイムズタウン財団が発表した、新疆ウイグル自治区の予算を全中国の行政単位ならびに２０１６年支出と２０１７年度の支出を比較した研究結果が、以下である。

治安管理費関連予算　２３５パーセント増
収容所建設管理　２３７パーセント増
公共安全関連予算　１２６パーセント増
司法関連予算　１１８パーセント増

そして、対照的に「職業訓練関連予算」は、マイナス７・１パーセントだった。


それにしてもイスラム同胞が虐待され、すでに「数百人の死者が出ている」（『ザ・タイムズ・オブ・インディア』２０１８年9月1日付）というのに、イスラム国家のサウジもトルコもイランも、なぜ沈黙を決め込んでいるのか？

サウジは10分の１の石油が中国向け、イランは3分の１、だから「お客様は神様です」となる。

そもそもサウジもイランも国内における反政府活動を強烈に弾圧している国であり、中国と似たような残酷な政治体制であり、この程度のことは日常茶飯と受け取っているのだろう。問題は民主主義国家、もっともウイグルの亡命者が多いトルコの沈黙だ。

中国はトルコへ「一帯一路」への参加を促し、トルコのハイウェイと橋梁工事に融資した24億ドルの借り換えに応じたうえ、ガスパイプライン、貯蔵施設増強工事に12億ドルの融資を中国工商銀行が行う。

しかもエルドアン大統領は、「トルコ国債に人民元建ての国債の起債も次のオプションに加えることを検討する」と公言している。米国への対決姿勢はますます強く、トルコはトランプ外交と衝突する。

外国からの直接投資激減に悩むトルコは、中国企業の参入を積極的に受け入れる姿勢も見せており、国内のウイグル組織「ＥＴＩＭ」（東トルキスタン独立運動）への警戒を強める中国の要請にも応じる可能性がある。

民間でもトルコ最大の通販「トレンドヨル」はアリババの出資（7億２８００万ドル）を受け入れ、アリババ傘下になった。またトルコ最大の通信施設企業「ネタス」は中国のＺＴＥ（中興通訊）の傘下に入った。

こうみてくると、中国の露骨な札束外交は、中東で意外な進捗ぶりを見せていることになる。西側のイラン石油の輸入禁止措置に、中国はまったく応じる姿勢にない（日本は輸入石油全体の5・5パーセントをイランに依存しており、対策が急がれている)。
だが、格言に言う。「金の切れ目は縁の切れ目」。

▼中国の「バブル紳士」たちの運命

トランプはペンタゴンに対して、宇宙軍の創設を命じ、また国連総会では「独立と主権を重んじ、グローバリズムを拒絶し、愛国を尊重する」と演説した。中国の5軍体制とは陸海空に「天(宇宙空間)」と「電(サイバー空間)」を加えており、米国との最終戦争とAIの戦争に中国は勝つとしている。

そのAI業界、中国で異変が起きた。中国の新興財閥はIT長者で溢れ、膨大な資金をバックに日本企業の買収に動く。黒船ならぬ「紅船」がやってきたのだ。

アリペイなどカードの支払制度が全中国で普及し、現金払いができる店がなくなりつつある。日本はこの点では中国に遅れており、いまの現金決済が主流である。

「日本はやがて中国の下請けになりさがる」とする警告は多くの知識人から発せられている。実際にシャープも買収され、同時に日本のパナソニック、ソニーなど定年退職した技術者が大量に中国企業にスカウトされている。中国製ドローンは日本の国土地理院も使用している。事実上、静かなる中国企業の日本侵略は始まっている。

問題はそのことではない。

アリババ、テンセント、ファーウェイなどの快進撃的な驀進が息切れもせずに、いつまで続くかということである。

インターネットにおける「ウィルスを排除し、共産党の健康体を守護するため」というのが中国共産党のネット規制の言い分である。こうなると破竹の勢いだった中国のＩＴ起業家たちは共産党の情報独占という全体主義にいかに対応しているのか。彼らの目には、共産党がリスクとして映る。

イタリアのサッカー１部リーグ「ＡＣミラン」を２０１７年に、前の持ち主だったベルルスコーニ元首相から４億４０００万ドルで買い取り、一躍、李勇鴻の名前は世界に知られた。

中国有数の金持ちと宣伝されたが、この男、典型の詐欺師だった。買収資金の殆どを支払っておらず、最近になって米国のファンドが買収した。彼はバブル期にあらわれる山師、詐欺師、ペテン師のたぐいだったのだ。中国湖北省の地方裁判所は２０１８年10月18日、李を債務不履行、借金踏み倒しにより起訴した。

李は、湖北省のほうぼうの金持ちや企業に儲け話を持ちかけ、合計１００億元をだまし取った容疑がもたれている。しかし李勇鴻の所在は掴めておらず、雲隠れしたままの起訴となった。

パスポートが手配され出国禁止の措置、さらにクレジットカード無効、全土の豪華ホテルにもブラックリスト掲載の通知を出した。

香港の証券界も激しいスキャンダルに震撼した。

香港証券取引委員会は、10月18日、インサイダー取引、不法送金などで10名の詐欺の大物を「手配」を公表した。このうち3名が企業CEO、2名が元取締役。そして残り5名のうちの3名がインサイダー取引の容疑だ。とくに服飾大手「福建ヌオギ」のデン・フイ（音訳不明）前CEOは2014年7月から所在不明となっており、不法に持ち出した金は2億3200万元。

このほか2018年9月までに、会社倒産、閉鎖、事業停止などで訴追された件数は60件。香港の当局は上記に加えて20名を近く訴追するという。

バブル末期の特徴的現象は、企業活動に見切りをつけて、社内留保を勝手に持ち出し、行方をくらますという典型のやり方である。

中国では人気のキャラクターと言えばミッキーマウスなどがよく知られ、他にドラえもんもクレヨンしんちゃんも大人気だが、多くの中国人はミッキーマウスと同じウォルト・ディズニーのキャラクターであるプーさんは知らない。なぜならプーさんが習近平と体形が似ているので、揶揄するときの記号として使われるからだ。嘗て習近平の肖像に墨汁をかけられた際、あちこちの肖像画を撤去したほど、庶民からの揶揄的批判はお気に召さないらしい。

全体主義の官僚機構は、フレキシブルな判断が出来ない。

中国仏教協会の学誠会長が辞任した（８月中旬）。原因はセクハラだった。ＳＮＳで尼僧を誘惑したうえ、「修行の一種」だといって性的行為を強要したという容疑である。

中国共産党のお墨付きを得た仏教指導者なんて、案の定、偽坊主か売僧《まいす》だったことが証明されたことになる。学誠和尚は習近平が福建省時代に同省の仏教協会会長だった。習に近い関係だったので全国政治協商会議の民族・宗教委員会の副主任に任命されていた。

全体主義を支える機構の１つが「政治協商会議」であり、市場拡大を狙う実業家もいれば、バスケット選手、ジャッキー・チェンといった映画俳優まで網羅する。仏教指導者が、このメンバーに入ること自体が面妖である。

テンセントはゲームソフトの「モンスターハンター・ワールド」を業績アップのために新たに開発し、自信作として売り出したところ、突然、配信停止となった。同社は既に申請中の新作ゲームが多数あるが、全ての審査が凍結された。

３月の全人代で新聞やテレビ、映画、ゲームなど各種出版物を監督した「国家新聞出版広電総局」が解体され、３つに分割されることとなった。そしてゲーム審査は共産党の世論工作を担う「中央宣伝部」傘下の新組織が担うことになった。したがって習近平の顔色だけを忖度して、ゲームソフトにまで容喙するという、退嬰的な官僚主義の弊害が出ている。

かくして他愛なき子供のゲームまで、国家管理体制から共産党の管轄となった。

テンセント株は急落した。ゲームを中国に輸出している日本のカプコン、任天堂なども株安に見舞われた。

▼宗教の爆発も始まる

河南省開封から南へバスで2時間強。宏大な山のなかに出現するのは霊験あらたかなる霊山。嵩山少林寺の本山は世界遺産でもある。

いまでは観光客がうじゃうじゃと雲海をバックに写真を撮る景勝地となった。禅宗の本山でもあり、この少林寺のボス=釈永信は中国共産党公認の仏教界の副代表を務める。だから釈は「少林寺ＣＥＯ」という渾名もあるが、「政治和尚」である。

正式に嵩山少林寺は朝夕の儀式で五星紅旗を掲げる。１５００年の同寺の歴史始まって以来の椿事である。宗教弾圧を強める習近平政権の顔色を読んでのことだろう。

これは「宗教の自由」が建前上保障されている憲法に抵触し、多くの中国人からみれば、失望だ。ネットには「釈迦とマルクスが握手?　まさか」という意見が見られた。

他方、新疆ウイグル自治区のムスリム弾圧は世界からいかに中国共産党が非難を浴びようと、「あれ（強制収容所）は職業訓練所だ」と詭弁を弄し、その弾圧は青海省から陝西省、寧夏回族自治区のモスクにも及んでいる。

弾圧は都市部のキリスト教の教会にも及んできた。

北京の朝陽区にある巨大なキリスト教地下教会が閉鎖される危機に直面した。「不法な印刷物が配布されている。活動は非合法だ」と当局は監視を強化してきた。許可のない集会は禁止されている（ミサに多数が集まるのも禁止）、「信教の自由はどこへいった?」と信者が騒ぎ出した。

地下教会などと言っても、おおっぴらにミサは行われてきたが、習近平政権発足と同時に規制が強まり、多くの信者はいまでは地下教会にも通わず「家庭教会」で祈りを捧げている。

まさに暗黒時代、しかし国内でも、まともな批判もないわけではない。

鄧小平の長男・鄧樸方（74）は文革中の1968年にビルの屋上から突き落とされて身体障害者となり、爾来、車いすの生活。中国全国身体障害者組織の会長として、社会活動に従事してきた。

さきに開催された全国大会で議長に再選され、挨拶に立った鄧樸方は、「中国は身分不相応な立ち位置を求めるべきではない」と発言したことが分かった。これは間接的な習近平批判である。

「中国はもっと広い立ち位置を求め、野心を剥き出しにするような行為を続けるべきではない。40年前に父が切り開いた路線は、そういう方向にはなかった」

つまり「韜光養晦《とうこうようかい》」（能ある鷹は爪を隠す）という鄧小平の遺言を重視しろと言っているのである。鄧樸方はまたこうも言った。

「たしかに国際情勢は激変しているが、われわれの求めるものは平和と発展であって、世界のほかの国々との調和が重要である。それが本当の『ウィンウィン戦略』である。身分不相応な目標を掲げるのではなく、中国の国内に関して、もっと議論を為すべきではないか」

１９７０年代後半、文革が終わり中国は制度改革に踏み切って、民主化のうねりが目立つ時期があった。その動きは１９８９年の天安門事件で押しつぶされ、民主学生を弾圧したのも鄧小平だった。

鄧樸方のスピーチは9月16日に北京で開催された身障者全国大会で行われたが、演説記録は非公開だった。『サウスチャイナ・モーニング・ポスト』（２０１８年10月30日）が別のルートから入手し、発表に踏み切った。

この背景は権力闘争が輻輳《ふくそう》する。習近平は10月23日から「南巡」と称する華南視察に赴いた。当初、安倍首相はこの日から訪中の予定だったが、3日遅らせたのも、この習近平が思いついた「南巡」の日程変更による。

1992年、鄧小平は深圳にあらわれて、「改革を加速せよ」「先に富む人がでても構わない」と発言し、中国は「社会主義市場経済」とかの訳の分からない標語の下、皆が目の色を変えて金儲けに励んだ。「南巡」は鄧小平の目玉となった。

ところが、習近平は各地の歴史博物館や改革開放記念館の修復を命令し、鄧小平の肖像、レリーフを排除した。江沢民と胡錦涛はとうに消されているが、この作業によって中国至る所、どこでも看板から展示にいたるまで「毛沢東」と「習近平」が並んだのだ。

これほど愚かな自己宣伝はないだろう。実力もなく、軍歴もなく、戦争指導さえしたことのない習が毛沢東と並ぶ指導者？　周りから失笑と恨みを買い、また同時に習近平は蔑みの対象となる。さきの鄧樸方の婉曲な批判演説には、このような背景がある。

▼中国最大の橋梁「港珠澳大橋」は開通したことになった

お笑いがもうひとつ追加された。

世紀の大工事、難工事。「夢の大橋」。なにしろ海に橋を架けて香港―珠海―マカオ（55キロ）が繋がった。習近平が破顔大笑して喜びそうな壮大なプロジェクトは２０１１年に起工され、とうの昔に開通式が行われている筈だった。工事は困難を極め、遅れに遅れ、開通式が2度も延期された。

これまでマカオや広東省の珠海、中山などの工業地帯へ行くにはフェリーしかなかった。新しい「港珠澳大橋」は、東京湾に橋を架けて海底をくぐり抜け、千葉と繋がったように、香港のランタオ島（国際空港がある）から沖合に高架橋がのびて、「人工島」からトンネル部分へ入り、中国側の「人工島」までくぐり抜ける。２つの人工島の広さは10万平方メートル。かなり前に建物は出来上がっていた。

海底トンネルは長さ6・7キロ。最深部は深さ47メートル、再び中国側の人工島へあがって広東省の珠海の高速道路に繋がる。つまり以前からある高速道路に繋がるわけだからマカオからも車で香港へ行ける。香港のランタオ島から香港の中心部まではおよそ1時間。総工費76億４０００万ドル（８４００億円）と見積もられたが、ぶくぶくと追加費用がかかっている。最終的に幾らになったのか。

通行料は1台につき２５０元（４２５０円）。公共バスは運賃が１００元（１７００円）。これで元を取るには何十年かかるのだろうか？

2016年開通予定が最速でも2020年にずれこむと、香港の『東方日報』が希望的観測で予測した。東京五輪の時期になる。延期になろうが、大橋の維持費がかかる。1日14万5000ドル＝1600万円。管理ならびにスタッフの給与である。3年の遅れの維持費だけでも175億円になる計算だ。

遅延理由の第1にトンネル部分が完成していない。ほぼ完成しかけた時期にメディアを招待したが、トンネル部分には入れてもらえず撮影も許可されなかった。推測では海底トンネルに浸水があるという。

第2に人工島を固めた消波ブロックの沈下が顕著になり、香港マスコミも写真入りで報じた。人工島全体が沈み、しかも一部区間に浸水がある。台風の備えが十分ではないことも判明した。世界に手を広げた一帯一路は各地で頓挫、蹉跌し、中止、中断、延期が続いているが国内一帯一路の目玉も、こんな惨状という実相が判明した。

ところが、習近平は安倍訪中の直前に、「開通したことにせよ」としてオープニング・セレモニーを強行し、中国の偉容（異様？）を世界に宣伝した。

この開通式に臨んだ習近平は、初走行もしないでそそくさと立ち去った。中国のメディアは海上橋を走る車を映し出したが、肝要なトンネルの映像はなかった（12月に入った情報では、どうやら開通したようである）。

▼言語、偽札、報道統制と難題だらけ

北京語の普及とほかの言語との間に、つまりそれらを使用する人々と苛烈なほどの軋轢がある。

中国には55の少数民族があって、それぞれがオリジナルな言語を持つ。ところが毛沢東以後、とくにテレビの発展が手伝って言語のオリジナル教育を捨てさせ、北京語による言語空間の統一が進んだ。

チベット語、ウイグル語、モンゴル語、満洲語が失われていくばかりではない。上海でも広東でも福建省でも北京語が強要され、テレビ、ラジオの統一ばかりか公務員試験、運転免許からIDカード、行政手続きの書面一式に到るまで北京語一色となった。若い世代は親たちの言葉を理解は出来るが、喋れないという悲惨な事態が発生している。民族のアイデンティティの喪失に繋がる。

これを憂慮した知識人たちが、たとえば広東省では「広東語の復活」を唱える国語運動となっているが、北京の政権は無視している。

退役軍人の抗議集会やデモの問題も深刻である。

過去2、3年の社会騒擾、産業空洞化の地方都市における社会擾乱、工場のスト、民衆蜂起のなかで、特筆するべきは退役軍人の抗議集会とデモの頻発だろう。

退役軍人だけでも5700万人を数え、このうちの500万人は再就職できたが（それも殆どがガードマンか、中国版「ブラックウォーター」と呼ばれる戦争請負企業）、残りは雀の涙ほどの軍人年金で暮らしている。中国はGDP成長によって所得が上がり、物価はインフレ、しかし年金支給額は据え置かれているために、言い尽くせないほどの貧困に襲われ、生活苦に陥った。年金加増、待遇改善をもとめて退役軍人が組織立って抗議し始めると、習近平政権にとって脅威である。しかも背後には反・習近平の派閥が暗躍している。

偽札問題も片付いてはいない。

現在流通する毛沢東肖像が描かれた人民元の2割は偽札という、通貨不信の社会で、庶民は「上に政策あれば、下に対策あり」とばかりに人民元を貯め込むことをやめ、高価品投機をはじめた。書画骨董に異常な値が付き、次に人民元が高いうちに買い物をしておこうとロレックスの時計、レクサスやBMWなどの高級車購入がブームとなった。

そして金《ゴールド》投資である。金の延べ棒、コイン、金粉や金飾のネックレスなどを一斉に買い求める顧客が後を絶たず、庶民は金を預金代わりとしてきた。また仮想通貨ビットコインの世界需要の90パーセントが中国人だったように、根本にあるのは人民元への不信である。

中国政府は、こうした事情を忖度してデジタル決済を奨励した。その結果、中国は世界一のデジタル通貨の蔓延となって、現金決済が激減したが、これも偽札問題から派生した、中国人特有の智恵に基づくのである。「中国すげえ」とデジタル通貨の普及を見て、さも日本が遅れているかの浅薄な解説は、偽札問題をみごとにスルーしている。ともかく現況は悲惨である。

「米中貿易戦争」が暗示する陰鬱な近未来だが、中国は米国と長期戦を戦うと公言している。ドル箱だった対米貿易黒字はいずれ激減し、外国企業の撤退は加速し、また人民元安と米国の金利高によって投資資金が雪崩のようにウォール街に環流を始めている。

予想できる限りの近未来において中国経済は失速を続け、株安、人民元安から不動産バブルの破裂となり、銀行は不良債権処理に頭を抱えることになるだろう。その上、世界中至る所で、中国の推進してきた一帯一路プロジェクトが頓挫しており、これまでは中国の自慢だった対外純債権は、巨大な不良債権化するだろう。

天文学的な債務をいかにして解決するのか。中国の債務不履行は、もはや不可避的時限爆弾である。

2008年のリーマンショックでの余波を回避するために、中国は無茶苦茶な財政出動を繰り返し、人為的に景気を浮揚させて不動産バブルを築き上げてきた。

不動産のローン残高は邦貨換算で４７００兆円にのぼる。

その天文学的負債を誤魔化すために、シャドー・バンキング、理財商品、Ｐ２Ｐ、地方政府の債券発行を許可し、焦げ付き債務の返済を次から次へジャンプさせ、ありとあらゆる手段を用いて真実を隠蔽し、危機を誤魔化し、さらに在庫処理と失業者解消のゴミ整理が「一帯一路」だった。

負債は利息とともに膨れあがり、債務の重圧が中国経済を窒息させるだろう。鳴り物入りのＡＩＩＢは阿漕な高利貸しの新しい財源とする詐欺の装置と見られ、マハティール・ショック以後、世界の国々、とくに一帯一路に関与する国家群が中国に不信感を表明し、姿勢を慎重にする。

中国経済のピークは２０１１年頃である。あとは演出過剰なバブルの強制的な持続だったのだ。

過去の誤魔化しがばれて上海株が暴落し、人民元が真っ逆さまに下落している中で、外貨払底を誤魔化すために、新しい工作を開始する。

その一方、秘かに中国は保有している米国債券を市場で１００億ドルほど売却した。手元外貨を確保し為替に介入して、人民元暴落を防いでいるからである。低端階級はますます絶望的となり、社会不安はマグマのように噴出しはじめ、産業の空洞化が沿岸部で顕著となり、ついには社会擾乱の本格化が始まる。

これまでも中国は、「政治」「社会不安」そして「歴史解釈」に関して、がんじがらめの報道規制をかけてきた。情報を操ることは全体主義統治にとって命綱であるからには、勝手な報道を許可する筈がない。

株価が暴落し、通貨が下落予兆を示し始めると、庶民は不動産の暴落に備え始め、社会的な不安心理が急拡大している。

そこで、当局は「経済ニュース」にも6つの報道規制をかけて、不安を煽るような報道、分析、解説を締め上げることにした。

2018年9月28日に通達された「不都合な経済ニュースは報道してはならない」という規制の概要は次の6項目である（『ザ・タイムズ・オブ・インディア』2018年10月1日付）。

（1）予想より悪いデータがでた場合
（2）地方政府の負債
（3）為替、とくに外貨準備高の激減など

（4）消費動向、消費の激減ぶり、物価の上昇やインフレ

（5）構造不況を示唆するようなデータや解説

（6）生活苦、貧困など

これまでも中国の公式の経済データは悉くが信用できないフェイク情報であり、国家統計局がＧＤＰの数字を誤魔化してきたうえ、地方政府は3割前後の「水増し」を報告してきた事実は誰もが知っており、規制を強化するとすれば、庶民の不信感はもっと確定的に拡がるのではないか。

第6章

日本はどうするのか？

▼安倍首相訪中の「競合から協調へ」は日米同盟を亀裂させないか？

2018年10月26日、訪中した安倍晋三首相は李克強首相と会談し、「これからの日中関係は『競合から協調』へ」などと標榜して握手をかわした。

米国は「協調から競合へ」と路線を変え、米中対決という歴史的変化の流れを見ながら、それに逆らうかのような日中接近を、米国はいかに総括したか、或る意味、それがもっとも深刻な問題だろう。

『ウォール・ストリート・ジャーナル』は「日本は米国の警戒心を十分に心得ており、米国批判を差し控えたが、日中は『自由貿易』が重要としてトランプ政権のやり方を引っかけた」と書いた。同紙はまた日本の代表団に数百名もの財界人が随行したことを問題視している。言外に「守銭奴は『あっち』を向いているのか」という意味が含まれる。

『NYタイムズ』はトランプ批判の急先鋒だが、トップ記事はアメリカのバイデン前副大統領ら左翼政治家らに爆弾を送った男の逮捕、サウジ、イエメン問題が大きく、片隅に日中接近のニュースが配置された。

「日本は中国をパートナーだと言って、トランプの移り気な対中政策によって孤立化する状況へヘッジをかけた。つまり（保護貿易で）孤立したトランプの対中政策が、日中を接近させたのだ」とあくまでも批判の対象はトランプである。

米国メディアが特筆したのは日本のODAが終わりを告げたこと、一帯一路プロジェクトへの日中の協力が唱われたことに焦点をあててはいるが、日中通貨スワップに関しては意外に小さな扱いである。

しかし一帯一路への日本の協力に関しては声明文に明確な付帯条件があって、「ルールに則り、質が高い、透明性のあるプロジェクトへの協力」となっていることだ。別な言い方をすると、それらの条件を欠いている中国のやり方が続く限り日本の協力はないということである。


中国の「一帯一路」に米国はオーストラリア、日本、インドを加えて「対抗」手段をとる。露骨に言えば、途中で挫折する多くのプロジェクトを日米豪とインドなどで補完するという思惑があり、トランプ政権は2019年度にOPIC（米国版ジャイカ）を通じ、600億ドル予算を組む。これもまた画期的な決断、自由世界の巻き返しなのである。

2018年10月18日、メキシコの首都メキシコシティで開催されていたラテンアメリカ会議でポンペオ国務長官は、パナマのカルロス・バレラ大統領に対して「中国からの投資は必ずしもお国の人々に幸せを運んではいない」と異例の警告を発した。

中国政府のウェブサイトに拠れば一帯一路にリストアップされている国家は、すでに118

カ国ある。米国は「このうち既に8つの国家が『借金の罠』に落ちている。中国はプロジェクトを高金利の条件で運びこみ、環境を破壊し、地元の労働力を使わず、しかし賄賂を配って、当該国の真の発展に寄与してはいない」と明瞭に批判しているのである。

もし日本政府のウェブサイトに同様なことが掲げられたら、中国は激怒し、政府に抗議してくるだろう。米国は中国の抗議など相手にしないけれども、名指しの批判から判断してその決意は岩のように固いと見るべきである。

米国は2009年以後、パナマとエルサルバドルに対して3億ドルを投じて、太陽光発電や住宅の援助を続けてきた。2017年度は単年度だけでも両国に1億7500万ドルを投じ、経済発展に寄与した。

ポンペオは2019年度予算で、OPICを基軸とする海外援助予算を300億ドルから600億ドルへ倍増させるとした。中国への対抗措置として日本とオーストラリアとの連合にインドを加えて中国への対抗プロジェクトを講じるのだから多くの新幹線工事なども日本に回ってくるかもしれない。

米国のOPICは日本のジャイカと酷似した政府組織である。全世界に経済援助、技術指導、インフラ構築のための支援を広範囲に行っている。海外青年協力隊の先駆的役割を政府の下部組織であり、アジアではカンボジア、インドに力点を置いて活動を展開してきた。

▼日本も中国の植民地入りするのか？

　戦後一貫して「アメリカのポチ」と言われ続けてきた日本は、むしろ自虐的になって「それがどうした？」と言わんばかり。最近の外交目的は「日米同盟の深化」であっても、独立主権国家として最も重要な自主独立、主権尊重という基本姿勢は見えなくなった。

　考えてみれば、日米貿易不均衡などと難癖をつけられ、年次改革要求、スーパー301条、プラザ合意とすべて米国の一方的な押しつけにより、日本の産業は国内空洞化を招いた。

　円高のため、企業は海外に生産拠点を移し、有り余る余剰資金は株と不動産に向けられ、景気は天井知らずの様相だった。しかしバブルが発生しても、日本政府と日銀の打つ手が限られ、右顧左眄している裡に「失われた20年」となり、その惨状がまだ継続中だ。日本企業の海外進出は一向に収まらず、そのうえ「低金利」「デフレ脱却」「消費税引き上げ」など経済政策の怪しさが、ますます日本を痛めつけている。

　法律的に日本は思想が変化し、アメリカの法律植民地となった。判例を見ても新法をみても、アメリカのリベラリルな判決や法改正の後追いである。具体的に言えばＬＧＢＴとかフェミニズムの突然の浸透であり、経済構造からみれば電力に次いで鉄道、道路、郵便、通信、タバコの民営化、次は水道、そしてＪＡの民営化が政治日程にのぼっている。

これらは米国から吹いてきた「グローバリズム」という新自由主義なるものの正体であり、要するに社会主義とは反対の概念ではなく、共産主義に酷似した愚策である。得体の知れないことを日本はやり出しているのだ。これを「ネオリベ（新リベラリズム）国家」という。

少子高齢化にしても何ら抜本的な手は打たれていない。少子化を楯に中国人留学生を甘やかした結果、教授つるし上げなど凶暴化が起きている。諸外国は移民排斥に躍起なときに、日本はなんとのんびりしているのだろう。

このような異常現象を目撃していると、はたしてわが国は日本なのか、すでに中国なのか。健康保険にせよ、留学生優遇にせよ、悉くが中国人に有利な政策である。

欧米、とりわけ西欧では、ドイツをのぞいて移民への激しい排斥運動が政治を席巻している。凶悪犯罪、とくに強盗と婦女暴行、レイプ事件の多発が、移民問題と絡んで大きな政治的問題となった。

2018年10月に連続したドイツ地方選挙では、バイエルン州というCDS・CDU連立政権の大票田で、メルケル与党が大敗した。つづけてフランクフルト周辺でまた大敗。左の「緑の党」と、右の「ドイツのための選択肢」が躍進という結果となった。

この責任を取って、メルケル首相は2021年に政界を引退する。なにしろ2017年総選挙で議席激減の結果、連立を組むまでに半年もかかり、政策は不明瞭のままに漂流しているのがドイツ与党である。はっきり政策を掲げている極左「緑の党」にリベラル票が流れ、保守は「ドイツのための選択肢」へ大量に票が流れた。メルケル政権は国民から飽きられている。民主国家における長期政権は、コールがそうであったように、サッチャーがやはり同じ陥穽におちたように宿命であろうか。日本の消費税引き上げも、この文脈に照らせば、２０１９年以降、安倍政権をレイムダック入りさせる可能性が高い。

日本の素っ頓狂な反応は、ＩＮＦ条約破棄という米国の路線変更に対してもちぐはぐだった。トランプ政権はロシアに対してＩＮＦ条約の破棄を通告、それを伝えるためのジョン・ボルトン補佐官のクレムリン訪問でも、プーチンは「あ、そう」と軽くあしらって、まるで重視していない風情だった。

この条約破棄は中国のミサイルから防御するために、極東の安全を高めるものであって、日本としては歓迎すべき動きであり、ロシアは実害もなく、驚かなかったのである。

嘗てドイツに「反核運動」があって、「死よりも赤がよい」と座り込んで米軍パーシングⅡの配備に反対した極左集団がいた。しかし当時、シュミット政権のドイツの国防認識では、ロシアのＳＳ20配備に対抗できるのは、パーシングⅡの配備しかなかった。それでロシア（当時はソ連）は、すごすごと引き下がった。

中距離核戦力廃棄条約（ＩＦＮ）は、５００キロから５５００キロ飛翔する中距離の核弾頭ミサイルを「生産しない。配備しない」という取り決めであり、米ソが合意していたもので、米国はロシアが条約に違反して「ＮＡＶＴＯＲ　９Ｍ７２９」（移動式ランチャーから発射できる小型の地対空ミサイル。核弾頭搭載）を配備したと非難し、破棄に踏み切ったのだ。トランプの本当の狙いは、この条約に加盟していない中国である。

中国は、中距離核弾頭を量産し、台湾、日本ばかりかグアム、ハワイと射程としてすでに配備している。

対抗する日本の防備は「パトリオット・ミサイル・システム」、そして配備予定の「イージス・アショア」だが、これはあくまで迎撃システムであって、専守防衛の日本は攻撃兵器を何一つ保有していない。

極東地域のパワー・バランスにおいて、中国優位が現状である。米国は同盟国を守るために中距離核戦力の再配備を狙うのであり、一番慌てたのが中国となる。

ところが唐変木な日本政府は「核軍縮に逆行する動きは歓迎できない」と声明する始末。まったく安全保障を理解していない。軍事音痴が永田町、霞ヶ関と市ヶ谷台（防衛省幹部ら）の頭の中にあるとすれば由々しき事態である。

▼移民排斥の欧米、増加策の日本

スウェーデンでも移民排斥の保守政党が躍進した。

ハンガリーのオルバン首相はEUの移民政策に激しい怒りを表明し、高い壁をトランプより先に国境に設置した。こうした愛国的行為を欧米の左翼メディアは「極右」と定義して一方的な報道を展開しているのだが、メディアに集う記者の大半が、左翼思想に染まってグローバリズムを是認するリベラル派である。

彼らの目的はコミンテルンの残映、最終的に国家解体が目的だから保守の興隆を敵視するのは当然といえば当然である。

問題は真実を伝える新聞、テレビが西側に少ないことである。日本でも産経と読売新聞を除いて新聞はおかしいし、地上波のテレビ局はNHKからフジテレビにいたるまで、左翼伝染病患者が我が物顔に出鱈目な報道を繰り返している。その結果、中国の「静かなる日本侵略」を許してしまったのだ。

少子化のため廃校寸前に追い込まれた地方の或る高校では「中国人留学生」に頼った。驚くべし、入学式で日本人生徒より多い彼らは日本国旗を無視し、中国国旗に整隊した。大学のなかには孔子学院があって、何を教えているか実態は明らかではない。欧米では孔子学院をスパイ養成機関と排斥し、その閉鎖が続いているのに日本では野放しだ。

佐々木類『静かなる日本侵略』（ハート出版）は、立命館大学に孔子学院の取材を申し込んだが拒否されたという。

中国人留学生へのヴィザを規制強化している米国とは反対に、日本はヴィザ条件を緩和している。なぜこんなへんてこな逆転現象が起きるのか。自律的な判断が出来ない政治家が、親中路線に傾いているからである。

北海道や対馬、その他の地域、それも自衛隊基地の近くの不動産が中国人によって買い占められ、埼玉など団地の住民が殆ど中国人となっているのに、対策がないばかりか、規制しようとする法律の制定は、野党ならびに与党の親中派によって頓挫を余儀なくされる。

「学費負担や海外への留学費にあえぐ日本人の学生をないがしろにし、カッコウのヒナを育てるのに汲々とする日本の本末転倒」は早急に見直すべきだと前掲の佐々木氏は訴える。

グローバリストの獅子吼する多種多様な文化を受け入れようという美辞麗句に惑わされて、日本人が日本という国が間接侵略されている非常事態を目の前にしても、まだのほほんとしている。おまけに中国人観光客をもっと増やそうとインバウンド業界は躍起だ。

在日留学生のうち、中国人留学生が10万7260人と全体の40パーセント強もいる（2018年現在）。中国人留学生の1064人が国費留学生であり、つまり学費から生活費まで日本の税金で支払われているのだ。すでに日本の大学では日本語ができなくても、英語のカリキュラムを組んで学位の取得が可能となっている。

背景には怪しげな風俗店に通った次官がいたように、不適切な官僚が巣くう文科省がある。日本の官僚機構なのに、あろうことか反日教育を助長し、ただしい歴史教科書を排除する売国奴的な役所だ。官僚機構も日本の組織ではなく、すでに外国に占拠されてしまった。

第2次安倍政権発足直後から、日本株は8000円台から2万円台へ急回復を見せた。異次元の金融緩和、いわゆる「黒田バズーカ」が牽引役だった。しかしその後、景気回復への決定打がない。基本的に日本全体から進取の精神が消え、経営が「守る姿勢」に後退してしまったことが大きい。したがって日本株は泥沼の停滞を続ける。

第1に、企業の借金恐怖症と内部留保の拡大である。底流にバブル再燃への恐怖心理が経営者に残っているからだ。他方、積極的な若者の起業は増えているが、ベンチャー・キャピタルが未熟である。中国と比べてもはるかに劣勢である。しかるに日本企業の内部留保は446兆円強もあって、史上最高額。実質上「無借金経営」の企業が59パーセントに達している（2018年9月現在）。

しかし、これでは銀行業は成り立たない。本来なら、企業利益は研究開発費と設備投資、人材への投資に回されるべきだが、そうしないため賃上げにも繋がらない。

有利子負債を怖れないのは、ソフトバンク率いる孫正義と不動産開発企業くらいで、多くが過去のバブル崩壊に懲りて、ひたすら内部留保に努め、株主配当を増やした。企業業績は「優」。投資は「不可」というわけだ。

第2に、それではと製造設備の増設ではなく、積極的M＆A（企業買収・合併）に乗り出す企業が目立つが、シェア拡大目標が主目的であり、これは本当に正統な手法なのか、日本的経営からの逸脱ではないかという疑問が湧く。

M＆Aは資本主義経済のシステムでは合法とはいえ、敵対的買収という手法など、およそ日本の伝統や企業の体質からは遠い、欧米の「ビジネスモデル」ではないか。たとえばＪＴ（日本たばこ産業）が外国企業買収にあれほど積極的なのは、嫌煙権による売り上げの減少と広告の制限から新興国への輸出をのばすほかに生き残る道がないからだろう。ＪＴは加ト吉からアメリカンスピリット、インドネシアのグダンガラムまで買収した。日本電産はいきなりドイツの5社を、ルネサスは7700億円を投じてアメリカのＩＴ企業を買収する。

第3に、ＡＩ開発、次世代半導体開発に出遅れたのは、「2番では駄目なのですか」という前進阻止ムードの蔓延、つまり国民精神の停滞が原因である。

冒険心は稀薄となり、ひたすら守りの姿勢をつらぬいて当座を乗り切れば良いと考えている裡に、新興国からも置いてきぼりを食らう形となった。例外的に健闘しているのは電気機器、情報・通信、化学、輸送用機器ならびに機械だが、内需ではなく外需によるものであり、企業名でいえばファナック、日本電産、村田製作所などである。

僅かに内需でも設備投資拡大の動機となっているのは、人手不足解消のための自動化、ロボットの導入と、ファスト・フードチェーンなどが伝票、注文の電子化などにともなう設備更新、ソフト開発を展開している程度である。

一時期浮かれたのはインバウンド業界だったが、旅行代理店、輸送関連、ホテルなどのサービス産業も台風による関空水没、製造業の物流アクセス頓挫、北海道大地震による停電などで急に近未来の市場が暗転した。

第4は、円高と人手不足が原因となって海外進出にブレーキがかからず、国内の空洞化を誰も問題視しなくなったことである。

スズキは中国から撤退するが、代替マーケットをインドとアフリカ諸国に求める。トヨタも日産も、中国での設備投資をさらに前向きに拡大路線を強行する。いずれも日本国内市場より海外に眼が向いている。

第5に、前項に関連して国家安全保障を無視したハイテクの海外への技術移転である。

これが将来何をもたらすかといえば、日本の競争力を自ら減殺し、いずれ中国に主導権を奪われることになるが、それでもやむなしという諦念が支配しているのだろうか。

民間企業ばかりではなく、政府は「もんじゅ」をご破算にした。宇宙航空開発を見ても、アメリカの顔色をみたまま自主開発のジェット機はまだ軌道に乗らない。

トヨタはＨＶ（ハイブリッド）技術という虎の子を中国に供与する。パナソニックなどはＥＶ（電気自動車）電池規格を中国と協同で遂行する姿勢である。

米国が中国を敵視しているときに、日本は日中友好をすすめる。

となれば、民間企業も右へ倣えとなり、中国に長期駐在する日本人は13万人強と逆に増えている。あの反日暴動直後から起きていた中国投資漸減傾向は、いつの間にか反対カーブを描いていたことになる。日本経済新聞の煽動的なプロパガンダと経団連の主導、そして与党内のチャイナ派の暗躍などで、こうなったのだ。

そのうえ米中貿易戦争激化で、撤退する日本企業よりも、むしろ奥地にまで進出する日本企業が多い理由は、コンピュータのクラウド関連、システムの構築、そして介護の需要が高まっているからだ。ビジネスチャンスさえあれば、全体主義国家だろうが、専制政治の国であろうが、出て行って商いをする。いやな国でも社命なら仕方がないと、企業戦士もまた別の使命感に燃える。

このような現実をみれば、日米共同声明に背を向けて、一帯一路にも協力すると米国を苛立たせるようなスタンスを堅持し、同時に中国側も日本にべったりと擦り寄ってきた現象がのみこめる。

しかし、はたしてこれで良いのか。

▼「危機管理」の見本は、むしろ中国が示したのではないのか

2018年9月初旬、西日本を台風が直撃し、とくに関西方面の被害は激甚だった。関空水没、北海道地震による大停電。日本の危機管理が試された。注目すべきはただちに自衛隊が4000人、救援活動と給水のために出動したこと。24時間以内に2万4000名の派遣態勢が組まれたことである。

いみじくも報道では電池切れによる充電器の設置とか、公衆電話の無料開放とかを大きく報じたが、充電設備と公衆電話が不足していることが分かった。

病院船をもたない日本には、「移動する病院」という発想がない。また多くの病院には自家発電設備が脆弱であり、糖尿患者などは緊急措置が必要になる。

デジタル文明の下で重要課題は、光ファイバーケーブルの拠点の安全である。日本の海底ケーブルは1本の基幹ルートに依存し、補完ルートがない。ここを攻撃されると、ほぼ全ての日本

の通信網が破壊される。

関空のケースでは、避難ルートが神戸へ向かう高速船が3隻しかなかった。それも定員が110名。海上の人工島に建てた飛行場は30年で沈没すると当初から予想されたのに、抜本的な代替プランはなく、鉄道などの沖合島へのアクセスは1本の橋梁に頼っていた。

滑走路が水没したとき駐機していた飛行機は僅か3機、これは不幸中の幸いだった。東日本大震災のおり、仙台空港では駐機していた10数機の自衛隊機が失われた。もし空港がミサイル攻撃を受けたときに、短時間で修復工事ができないという、日本の対応力の弱さもやはり深刻な問題である。

北海道地震でも、おどろくなかれ全戸が停電した。電源を1カ所の発電所に依拠し、補完の選択肢がない。これは安全保障上の手抜かりだろう。また原発が停止中であることが問題にならなかった。原発が動いていれば全戸停電という事態は防げた筈であり、これを通信に置き換えると、補完ルートをもたない日本の通信施設の源を襲撃されたら、ほぼ全ての日本の通信が途絶えるということである。

そこで幾つか思い出すことがある。東日本大震災のとき、中国は新潟空港などにチャーター機を飛ばし、10万人とも言われた在日中国人を中国各地へ手際よく運んだ。在日大使館に司令塔があるのだ。

リビアではカダフィ暗殺、政府壊滅の時に、飛行機、フェリー、バスなどありとあらゆる交通手段をチャーターして、じつに3万6000名いた中国人を救出した。

中央アジアの小国キルギスで暴動が発生したおりには、奥地のオシェというキルギス第2の都市に4機のチャーター機を飛ばして、500名いた中国人を救出した。

これが可能となるのは、逆に言えば外国にいる中国人の動向さえ、出先の外交機関が把握していることである。携帯電話の連絡網があること、つまり防犯カメラを全土に張り巡らせて、携帯電話の会話さえも傍聴している国だからこそ可能なのだが、基本的に中国人の多くが軍事訓練をうけていて、危機にいかに対応できるかを日頃から実践しているからではないのだろうか？

デジタル社会、次世代通信機器や半導体開発で、もはや日本の優位はあとかたもないという実態が露呈したのである。

▼中国撤退の決断

2018年6月、スズキはそれまでに小型車「アルト」を中国市場に投入し、2つの中国自動車メーカーと合弁を組み、製造・販売してきたが、営業不振のため「江西昌河鈴木汽車」（中国語で「汽車」は「自動車」の意味）との合弁を解消した。

ついで重慶の拠点だった「重慶長安汽車」との提携関係も解消、株式を同社に譲渡し、完全に中国から撤退する。遅れたとはいえ、英断だろう。

江西昌河鈴木汽車は1996年に合弁したが、その後、北京の自動車メーカーに昌河が買収されたため、解消は時間の問題だった。スズキは昌河汽車に全株を譲渡した。

重慶長安汽車の場合、この会社はそもそも1862年に李鴻章がジープを生産するために設立したほど古い歴史がある。中国の自動車業界では第一、上海、東風、奇瑞と並んで5大メーカーに入る。しかし最近は仏プジョー・シトロエンと提携するなどして、スズキの立場は脆弱になっていた。

中国の嗜好が大型車に移行していたこと、またEV比率が規制されるためEV開発に遅れているスズキは不利との判断があったと、業界筋は原因を並べる。だが日本や成功したインドとの商習慣のあまりの差違、マネジメントの齟齬などで嫌気がさしていたのではないのか。すでにスズキはインドで170万台を突破する小型車で市場を開拓しており、今後もインド市場での拡大は続く。

連想したのは、中国における太陽光パネルと風力発電の現在の無惨な姿だった。

中国は太陽光パネルを奨励し、政府は巨額の補助金をつけた。雨後の筍、あちこちに太陽光パネルの製造メーカーが出現し、補助金もあって廉価で輸出してきた。そういったウハウハ時代は終わった、というより死んだ。ダンピング訴訟をWTO加盟国の多くからおこされた上、中国政府の手厚い補助金がストップ。当該産業は壊滅状態である。

風力発電も中国政府の補助金がつくと聞くや、70以上の即席メーカーが乱立し、風の吹かない場所にも風力発電を建てた。ところが、その3分の1が送電線に繋がっていなかった。マンガのようなお粗末。いま数社が残って、細々と製造を続けているが、ほかのメーカーは倒産、或いは異業種へ転換した。

深刻な問題はEVである。中国はこれを次世代カーのトップに位置づけた。

最初の頃、お手並み拝見だった日欧米も、巨大市場が全体主義国家ゆえに、トップダウンでEVを目指すとなると座視するわけにはいかなくなった。「戦争は発明の母」という。ガソリン輸入が1日に900万バーレルという消費大国＝中国には、脱ガソリンを目指す強い動機があり、また次世代技術競争を日米欧との「戦争」と認識しているがゆえに、開発にかける意気込みは熾烈だ。

中国におけるEV開発には、既存メーカー北京汽車集団のほか、後発の吉利とBVDがある。ほかのメーカーもEVに参入した。生産能力6000万台、販売が3000万台に迫る中国の自動車市場を勘案すれば、世界の自動車メーカーがEV開発に眼の色を変える。

現況では48万台のEV試作車が中国で売れた。米国はテスラの大ブレークが手伝って、11万台の販売実績。欧州で14万台。ところが日本では僅かに2万台だった(2017年度販売速報)。日本がなにゆえに冷淡だったかと言えば、省エネ・エンジンで世界のトップ、そのうえにハイブリッド車が市場を席巻したからだ。

EVは充電に時間がかかり、電池は容積が大きいので車内がじつに窮屈になる。中国の第1号となったBVDの試作車は1人しか座れず、アクセルに足が届かないほど電池の体積が大きかった。そのうえ最大200キロの航続距離というが、クーラーなどを使用すれば実際には80キロくらいで充電の必要性が産まれる。こうした数あるアキレス腱を克服できるのか?

充電スタンドが圧倒的に不足しており、充電時間は平均8時間。急速充電でも2時間を要し、家庭での充電は14時間以上かかる。不便極まりないが、なにしろ習近平政権が、「目玉」として奨励している。となれば中国市場だけに限定して、トヨタも日産も製造に動き出した。はたして勝算はあるのか、といえば話は別である。自動車メーカーには、「世界シェア競争」という別の競争があるからだ。

トヨタは上海汽車集団と共同生産し、2020年販売を目指す。日産は年内に新ブランド「リーフ」を投入する。ホンダは現地合弁でEV生産に踏み切る。トラック業界もいすゞ、三菱ふそう、日野が前向きで、一番乗りのいすゞは２０１８年内にＥＶトラックを試作し２０２０年に量産体制に移行するとしている。ただし軽量級3トンのエルフが投入される。

トラックはディーゼルが主流で、出力と重量の関係からガソリンは不向きとされる。その上に急速充電でも１００キロしか走れないという弱点を、いかに技術的に超えるか。今後の課題である。

三菱ふそうはリチウム・イオン電池6個のパッケージを搭載し、急速充電と併行で、すでに試走車はコンビニの配送に実験的に投入されている。これは巨大な中国市場を狙うボルボ、ダイムラーなどの動きを睨んでの動きと言える。

とりわけ注目されるのは、ＥＶ充電規格を日中が２０２０年を目処に統一し、世界シェアの90パーセントを担うようにするという日中共同の動きである。日本は急速充電「チャデモ」規格をすでに開発し、設置もしている。しかし充電スタンドは全国1万８０００カ所しかない。ＥＶが普及していないからだ。

対して中国の急速充電規格は「ＧＢ・Ｔ」で、技術は劣るが、中国はＥＶブームがあるため設置箇所はダントツの22万カ所。欧州勢の「コンボ」はまだ７０００カ所に過ぎない。だから出遅れた日本の思惑は、充電器の規格で中国と規格を統一すれば、中国市場が拡大すると見込んだのだ。これはしかも中国側から規格統一がよびかけられてきた。中国と共同作業というのはリスクの塊《かたまり》である。

実情は次のようである。

中国単独での開発には無理がある上、基本特許を欧米日に抑えられていて、開発上の隘路がある。充電装置は日本とドイツに依拠せざるを得ない。電池は原料のリチウムとコバルト鉱区は確保したが、肝腎の電池開発は、日本に頼らないと先へ進めない。ＡＩは米国、インドが頼りであり、さらに半導体はインテル、ＴＳＭＣ（台湾）、サムソン、そして日本である。

▼中国は巧妙な規制をかけ、外国勢の開発を義務づける。それは磁力か、魔力か？

２０１９年に中国はＮＥＶ（新エネルギー車）と総称する自動車シェアの規制に乗り出す。自国に都合の良い、身勝手な措置だが、外国勢はこの規制を無視できない。まさに中国の磁力か、魔力か、いや催眠術か。

具体的には輸入車の10パーセントがＮＥＶでなければならないという、中国でしか有効性がないが、強制力を伴う法的規制で対応する。この場合、ＮＥＶの範疇にはＥＶ（電気自動車）、ＦＣＶ（燃料電池車）、ＰＨＶ（プラグイン・ハイブリッド車）が含まれるが、日本が得意のプリウスなどの「ハイブリッド車」は除外される。２０３０年にはガソリン車は全体の３分の

1にまで減少すると予測されている。

このため、トヨタはスポーツ多目的EVを中国で2020年に投入し、ホンダは中国専用EVとして「理念」（現地ブランド）を投入する。欧米勢もテスラが新工場を上海に、中国最大の販売台数を誇る独フォルクスワーゲンは、1000億ドルを投じて新工場などで対応する。

とくに米国のテスラだが、上海に車と電池の一貫工場を立ち上げ、年間50万台を目指すという。ところが、テスラ自体が有利子負債の巨額に経営がふらつき、また同社の電池を米ネバダ州で生産しているパナソニックが、この中国作戦を首肯するか、どうかも定かではない。

フォルクスワーゲンは、年間250万台を生産するなどと豪語している。確かな裏付けは今のところない。


自動運転開発も中国が先頭を走るようだが、はたしてどうか。

EVと併行して研究開発が世界の主要メーカーで猛烈に進んでいるが、自動運転は自動車産業の「産業地図」を変革するダイナミズムをともなうリスクが存在する。自動運転は、第1にAI、第2に半導体、第3に部品制御システムとなって、従来のようにエンジンから車体ボディ、窓ガラスなどと系列メーカーが基軸の「ピラミッド型の構造」が、系列を飛び越えた産業構造に変化する。

トヨタ系はデンソー、アイシンなど4社が連合し、自動運転のために合従連衡を組むことが決まった。

ＡＩは米グーグル、百度などが一歩リードしており、日本の出遅れが目立つ。ところが中国は、シリコンバレーに研究センターをつくって優秀な人材を米国でも集めているばかりか、重慶に焦点を絞り込んで、習近平の大々的な支援政策の下、紫光集団、百度、アリババ、テンセント、華為技術などが、重慶に開発センター、半導体工場などを新設することが決まっている。

半導体は米インテルが先頭を走り、サムソン、ＴＳＭＣが並ぶが、日本は東芝のスキャンダルなどがあって相当に出遅れた。ようやくＮＥＣ、日立、三菱電機が組んだ「ルネサス」が戦列に加わった。ルネサスは米ＩＤＴ（インタグレーテッド・デバイス・テクノロジー）を６６００億円で買収し、一気に第一線への復帰を目指す。これも自動運転の技術開発絡みである。

▼事実を伝えず、相変わらず日本のメディアの唐変木

２０１８年9月27日、国連総会に出席した安倍首相とトランプ大統領の「日米首脳会談」が

引き続きNYで行われ、「共同声明」が発表された。安倍首相はNY到着直後にトランプの私邸に招かれ、2時間余の夕食をともにしており、入念な打ち合わせが行われていた。日米共同声明には、後述するように重大な内容が盛り込まれている。ところが日本のメディアは最重要事項をスルーした。おそらく理解する能力に欠けたのだろう。

貿易面での合意事項を重箱の隅を突くように弄《ほじ》くって、日本のビジネスにどういう影響があるのか、産業界にいかなる影響がでるのかなどと矮小な問題的だけを分析している。

商人の目線、本質を探るより、水面上の泡《あぶく》だけを見て、「ああだ、こうだ」と騒ぎ立てている。経団連、与党、霞ヶ関にも共通していることだが、それを集約するメディアの報道に戦略的思考が稀薄である。野党も解析能力が欠乏しており、国際情勢の認識力がゼロに近いため、TAG（日米物品貿易協定）はTPP精神に反するとか、アメリカに譲歩しすぎだからといって安倍首相を追及する。国会が空転する。

TPPから離脱した米国と、日本の貿易交渉は、これから2国間交渉となることは明白であり、日米間でFTA（自由貿易協定）を結ぶことになる。その前に車の関税はしばし棚上げし、当面はTAG協議をおこなう。つまり日本が譲歩したのではなく、アメリカ側の譲歩なのである。

第1に、「日米共同声明」は、米国が従来の親中路線をかなぐり捨て、敵視政策への転換を明確に示し、規制と制裁をかけるが、日本はそれに同調すると同意しているのである。

噛み砕いて言えば、中国は「世界の工場」から「世界の市場」となって、世界的な企業がチャイナチャイナと喧噪を示したが、その勢いは止んで、流れは明白に変わり、中国はやがて「世界のゴミ箱」となるが、日米は共同でそれを助長すると行間が示唆している。

第2に、知的財産権が盗まれ、ハイテク企業が中国資本に買収され、本来、自国が得るべき所得が中国に環流したことをトランプは猛烈に批判し、「グローバリズム拒絶」「愛国主義」に立脚する政策に立ち帰ると言った。

このトランプの国連演説は、中国を批判して止まないクドロー国家経済会議委員長、ボルトン大統領補佐官、ナバロ通商産業局長、そしてライトハイザーUSTR代表の考え方が基調にある。しかし当初の人事問題であれほどクドロー、ボルトン、ナバロを非難してやまなかった米国のメディアも議会人も、それをすっぽりと忘れて、トランプの中国批判に同調している。中国批判はいまや米国のコンセンサスである。

グローバリズム拒否というのは、「イデオロギー」を拒否するという意味である。国境の壁を撤廃し、規制をなくし、つまりは国家を解体するという面妖なグローバリズムという思想では、自由主義本来の市場まで破壊されかねない。公平なルールを遵守し、双務主義に基づく交易という原則に立ち戻ろう、それが「愛国主義」だと主張しているのである。

ここで「日米共同声明」の第6項に注目があつまる。

トランプ大統領の国連安保理事会、その後の記者会見などで、ウイグル人弾圧の強権政治を批判した点も見逃せない。ハッカー攻撃による情報の盗取についても触れた。人権、民主をよびかける程度だったオバマ政権までの米国の親中姿勢は掻き消え、声明文には、「友好」などという文字がどこにも見られない。

すなわち最重要事項は、以下の「日米共同声明」の第6項である。

6　日米両国は、第三国の非市場志向型の政策や慣行から日米両国の企業と労働者をより良く守るための協力を強化する。したがって我々は、WTO改革、電子商取引の議論を促進するとともに、知的財産の収奪、強制的技術移転、貿易歪曲的な産業補助金、国有企業によって作り出させる歪曲化および過剰生産を含む不公正な貿易慣行に対処するため、日米、また日米欧三極の協力を通じて、緊密に作業していく。

ここでいう「第三国」が中国を指し、その中国による「知的財産の収奪、強制的技術移転、貿易歪曲的な産業補助金、国有企業によって作り出せる歪曲化および過剰生産を含む不公正な貿易慣行に対処する」と言っているのである。

もっと具体的に言えばファーウェイ（華為技術）、ＺＴＥ（中興通訊）を米国やオーストラリアが排除したように、次にテロリストへの資金洗浄として規制が強化された海外送金やドル取引に対して、米国はたとえばフランスのＢＮＰパリバ銀行を処分し、巨額の罰金を科したうえで、「1年間のドル取引」を禁じた。つまりフランスの名門銀行も国際ビジネスができなくなった。これが中国の銀行にも適用される。

米国内において、軍事技術盗取の中国人スパイをつぎつぎと摘発し、中国軍に直結する取引をしていた個人や企業の口座を凍結している。ロシア財閥の在米資産凍結ばかりではない。欧米、とりわけ英仏独、スイスの銀行も処罰されており、西側の銀行は中国との取引に極めて慎重となっている。

▼黒船ならぬ「紅船」がやってきた。

拝金主義の中国企業が日本市場を席巻するという、日本の愛国者から見れば有り難くない未来図を、近藤大介著『2025年　日中企業格差』（ＰＨＰ新書）が描いた。

「日本はやがて中国の下請けになりさがる」と警告が連発されるが、実際にシャープも買収され、同時に日本のパナソニック、ソニーなどの定年退職組の技術者が、大量に中国企業にスカウトされている。中国製ドローンは日本の国土地理院も使用している。事実上、静かなる中国企業の日本侵略は始まっている。

表舞台にでることが大好きな馬雲とは対照的に、テンセントの馬化騰CEOは人前に出たがらない事務畑の人。共産党が仰天したのはテンセント系のネット「微信」に次の会話があったからだ。

「共産党万歳というスローガンをどう思う?」
「腐敗して無能な政治に、万歳なんかできるの?」
「中国の夢(習近平政権のスローガン)って何?」
「それはアメリカに移住することでしょう」

こうした状況に、共産党中央機関紙『人民日報』(二〇一七年七月四日付)が「テンセントは有為な若者たちを中毒に陥れる社会悪を作っている」と噛みついた。テンセントは、まるで19世紀の清の時代のアヘンを浸透させたイギリス商人のような扱いを受けたのである。

近藤大介著『2025年　日中企業格差』(PHP新書)

ファーウェイ、ZTEはすでに米国市場を失った。オーストラリア、カナダなどもトランプの決定につづき、国家安全保障を脅かすとして政府契約を禁止したし、日本も自粛を発表した。あの親中派のドイツとて中国資本のドイツ企業買収を阻止している。

はたして中国のIT起業家たちは、共産党の情報独占という全体主義にいかに対応しているのか。

近藤氏は「彼らの目には、共産党はリスクとしても映っている」と指摘する。

近藤氏は北京で日系企業の副社長経験者で、契約書にかならず免責事項があったと指摘する。それは「中国共産党の指導がはいった場合は、この契約書を破棄、変更出来る」という条項である。つまり「中国では法律の上に共産党が『鎮座』している」のである。

陸海空に「天（宇宙空間）」と「電（サイバー空間）」を加えた中国の5軍体制に対し、トランプはペンタゴンに宇宙軍の創設を命じ、また国連総会では「独立と主権を重んじ、グローバリズムを拒絶し、愛国を尊重する」と熱唱したのだ。

しかし日本は無策ではなかった。

安倍首相の訪欧（2018年10月16日〜20日）では、かなりの成果があった。

EUは2018年7月の「日欧定期首脳協議」においてEPAを締結している。EUは全体で人口6億、GDPが世界に28パーセントという巨大市場であり、ユンケル議長が急遽来日しての締結だった。

これは画期的な「事件」であり、如何にEUが日本重視に転換したかを示す意味を持つのである。また米英が驚きをもってこの締結をみた。

それはそれとして筆者が欧州で肌で感じたことは、米国と温度差はあるとはいえ、EU諸国の中国に対する警戒の深化だった。

スペインで、安倍首相はサンチェス首相と会談し「両国関係を戦略的パートナーシップ」に格上げした。フランスでは、マクロン大統領との間で南シナ海問題を取り上げ、安全保障面での提携強化が唱われ、ついでベルギーでは、ASEM首脳会議に出席して東欧4カ国首脳との個別会談をこなした上、「質の高いインフラ、自由貿易の重要性」を訴えた。「質の高いインフラ整備」とは「質の低い借金の罠」への対語ではないか。

一帯一路の失敗が明るみにでた中国首脳は、日本へ突如猫なで声で、5月の李克強首相来日を契機にゴロニャンと気味悪く近付き、反日活動の自粛、反日映画の上映禁止などで安倍訪中に備え、また中国の地方政府は「日本詣で」を始めるという薄気味の悪さ。これも日本政府が財界に圧されて、一帯一路を正面からは否定せず、是々非々の協力を表明しているからだ。

日中提携の目玉は自動運転の技術競争である。それゆえに、日中の提携は米国にことさら警戒心を抱かせる。

中国の地方政府は、日本企業招致が目的である。中国への直接投資が激減している状況下、米国はテスラが上海に大規模な工場を造成すると、救いの手をさしのべているが、これも自動運転とＥＶ（電気自動車）の開発が主目的だ。なにしろ中国の「ご都合主義」たるや電気自動車に関しては外資規制を撤廃したほどだ。とくにテスラには上海浦東特別区に86万平方の土地を50年間貸与、賃料は１６０億円（1年の賃料は3億２０００万円）という厚遇ぶり。トヨタが焦るのも無理はない。

地方政府幹部の来日は引きも切らず、とくに四川省は都内のホテルでセミナーやらイベント、夕食会には舞踏会まで開催し、盛んに日本企業に四川省への進出を誘った。

重慶市、寧波市なども積極的で、ジェトロの統計に拠れば、２０１０年第2四半期だけで18件。日本が関心を示している地域は旧満洲くらいだが、加えて日本の経済界もしたたかで、中国より東南アジアのインフラ整備、とりわけスマート都市建設を主眼に、渋滞、汚染、治安をＩＴで解決するべく、全面的協力を惜しまない姿勢だ。ベトナムのハノイ、タイのチョンブリーとプーケット、マレーシアはクアラルンプール、インドネシアはジャカルタのスマートシティ化けに市によるオフィスの近代化、作業の効率化などにノウハウを注入する。

基本的にアジアへの取り組みは「明日の経済大国」という潜在性を秘めているからで、日本の人口1億2300万人より多いアジアの国々はインドネシア、バングラデシュ、インド、パキスタンだが、2年以内にフィリピン（現在1億500万人）、3年以内にベトナム（同9900万人）に抜かれるだろう。タイ、ミャンマーも人口が急増している。

インドネシアは親日的でもあり、ジャワ島のボロブドール遺跡や、バリ島への観光客も目立つ。インドネシアはジャカルタ沖を埋め立てたアジア最大級のハブ空港・第2スカルノハッタ空港（年間1億人）。現有スカルノハッタ空港は2017年実績6300万人）建設を目論んでおり、このハブ空港は青写真段階とはいえ、2030年完成予定で、予算は1兆1000億円。海上空港の建設ノウハウなどは日本が得意とする技術でもあり、もし、第2スカルノハッタ空港が完成すれば、既存のハブ空港であるシンガポールのチャンギ空港、タイのスワンナプーム空港の規模を凌ぐことになると予測される。

チャンギ空港とスワンナプーム空港は、それぞれがターミナル増設、滑走路増設に踏み切っており、またフィリピンのマニア空港も増設計画が進んでいる。

▼したたかさはインドに学べ

中国の新興「シリコンバレー」の1つは、山深き貴陽である。北京の中関村だけではない。

この貴陽からインドのバンガロールへ直行便がある。バンガロールは知る人ぞ知る「インドのシリコンバレー」だ。貴州省貴陽といえば、これまでのイメージでは「ド田舎」。周囲には王陽明の出身地として墓地があり、またバスで2時間ほどの場所にある遵義は、毛沢東が主導権を確立した遵義会議（1935年）が開催されたので、「紅色聖地」として会議所跡がうやうやしく装飾されて観光客を集めている。筆者が見学した折、見学者はすくなかったが、近くには周恩来の宿舎跡などもあった。ほかに、マオタイの名産地として世界的に有名である。

この2つのハイテク都市がいかにして結びついたのか？

インドのモディ政権は、基本的に中国に敵対的ではなかったのか？

インドの二枚舌は相手を手玉に取り、華僑商法を越えるところがある。

筆者が、ムンバイから国内線でバンガロールへ向かい、IT関連のハイテク企業を取材したのは10年ほど前だった。当時既に世界のハイテク企業は、このバンガロールに集まっており、外国人が目立ち、またインドで唯一牛肉レストランもあった。IBM、インテル、テキサス・インスツルメンツ、モトローラ、オラクル、サン・マイクロシステムズなどが進出していた。日本企業は少なかったが。

インドは数学の天才を輩出する国として知られ、アメリカ勢は、ソフト開発にインド人を大量に雇って次世代コンピュータ技術開発をなす拠点だった。電話のコールセンターも夥しく店開きしていた。インドの公用語は英語だから、英米企業が下請けに拠点化したのだ。

バンガロールは、ピンクの城もあって緑が多く、インドにしては美しい都市、ホテルも豪華5つ星クラスがあり、特有の乞食を見かけないのでガイドに聞くと「ここの乞食は午後から『出勤』です」と言った。

なぜバンガロールが急発展したかと言えば、第1に自然環境の条件である。地理的に山間部にあり、海抜1100メートル、水源があり、1年の平均気温が15度。過ごしやすく、細密なハイテク産業にもっともふさわしい。

第2に、このバンガロールはもともと軍事産業都市として開発され、戦闘機、戦車、レーダーなどを生産してきた。軍事技術とはいうまでもなくハイテクである。

第3に、エンジニアが蝟集《いしゅう》すれば、大学も開設され、企業がやってくれば、インド全土から優秀な若者が集まる。相乗効果がバンガロールを急発展させたといえる。

中国は央南の貴州省、省都は貴陽である。開発に出遅れた貴陽は「中国で最も貧乏な地域」と言われた。ここにハイテク都市構想を宛てたのは習近平の腰巾着、陳敏爾が党書記として赴任してからである。陳敏爾は浙江省人脈であり、紹興、寧波などで実績を積み上げ、折から浙江省書記として赴任してきた習近平に取り入った。

陳敏爾は2012年に貴州省書記に就任し、大学とIT企業を誘致し、とくに外国のベンチャー企業にはオフィス・レンタルを無料とするなど優遇措置を講じ、大規模な工業団地を造成した。この特典を活用してどっとやって来たのがインド人だった。現在、ハイテク、IT関連のインド人エンジニアは中国に2万5000人いるのだ。

貴州省が、中国政府が設定した「ビッグデータ特区」と認定され、ようやく世界が注目したのは2016年だった。翌年、陳敏爾は重慶特別市書記になり、政治局員に昇格。一時は次期後継に有力といわれたものだった。毎日新聞は「政治局常務委員入りは間違いない。次期後継が確定か」などと書いたが、結局、政治局員に留まる。

さて、この貴陽とバンガロールが強力に連携しあい、「SIDCOP」(支那インド・デジタル連携プラザ)として、AI開発の回廊をめざす。ビッグデータビジネスのハブ化しようとする両国政府の合意は2018年4月、湖北省武漢で開催されたモディ・習近平首脳会談でなされた。2017年のインドと中国の貿易は840億ドル、このうち550億ドルがインドの貿易赤字となっている。

エピローグ

だから一帯一路は末路

▼中国は「世界のゴミ箱」

中国は「世界の工場」から「世界の市場」、そして「世界のゴミ箱」になった。

2018年8月4日、ベネズエラのマドゥロ大統領の再任式典。ドローンが爆薬を積み込んで会場に飛来した。会場となったテント村近くで爆発し、10数名が怪我をした。ただちに、ジョン・ボルトン補佐官は「自作自演ではないか」と言った。

ワシントンではベネズエラの旧軍人等がトランプ政権と接触し、クーデター計画が進んでいるという情報も飛び交った。

同年9月14日、マドゥロ大統領は北京空港に降り立った。テロ未遂事件以来、初めての外遊先を中国としたのは当然だろう。中国からチャベス前政権はベネズエラの石油を担保に500億ドルを借りだし、これまでにも石油輸出で返済してきたとはいえ、あと200億ドルの債務を負っている（「200億ドル」というのは中国の公式発表で、実際は中国輸出入銀行が別枠でもっと貸している）。

マドゥロ大統領が北京で真っ先に訪れたのは、人民大会堂脇の毛沢東記念館。そのミイラを拝んで「毛沢東主席は偉大な革命家。21世紀の人類史を見通した偉大な指導者」などと礼賛した。これはCCTVでも報じられたが、中国国民は「大虐殺の魔王」を「偉大な指導者」などという、その時代錯誤の感覚にゾッとなったのではないか。

習近平との会合では「両国は相互信頼、相互裨益の友好関係にあり、もっともっと2国間の関係を深めたい」と原則論をぶった。

引き続き李克強首相との面談で、李首相は「可能な限りの支援を中国は続けるが、法治の回復と社会の安定に努力して欲しい」と釘を刺したそうな。

さらに王毅外相との会談でマドゥロは「一帯一路のさらなる発展にベネズエラは協力するし、ラテンアメリカ諸国は全体で中国の支援を熱望している」と述べた。要するにマドゥロ大統領の北京訪問の目的とは「あと50億ドル融資してくれ。これまでの返済は半年待って」という緊急の要請だった（『サウスチャイナ・モーニング・ポスト』9月15日付）。

ＩＭＦは、ベネズエラのハイパー・インフレーションが、近く１００万パーセントに達すると警告した。ところが、２０１８年12月に１４０万パーセントに達した。すでにベネズエラ国民は、およそ１５０万人がコロンビアやブラジルに避難し、これは欧州におけるシリア難民の数に匹敵する。

中国のカネに依存して一帯一路構想に飛びつき、原油代金が１バーレル＝１００ドル時代に有り余る外貨を医療無料、大学無料などバラマキをやって大衆迎合政策をとった結果、原油代金の激減と同時に経済は失速した。ベネズエラも中国の「借金の罠」に自ら陥落し、中国にとっては一帯一路プロジェクトの大きな荷物に化けたのだった。

▼日本は本当に自由なのか?

自由貿易という概念は、放埒な、好き勝手の自由ではない。これまで日本人が「自由」と思ってきた概念も、状況も、じつは自由ではない。本当の自由からわたしたちは不自由な世界にいるのか、いやそれとも異次元の自由世界に身を置いているのだろうか?

自由はLibertyか、Freedomか。「自由」と「平等」の差違をギリシアの歴史にまで遡及するのは西尾幹二氏の『あなたは自由か』(ちくま新書)である。

自由が際限なく拡大解釈され、平等は無限の政治的力を発揮し、そして日本という存在そのものを脅かしている。「平等」の誤認が「#MeToo」とか、外国人留学生特待とか、少数派が強く、何でも予算化されるという政治風土を培っている。

そのうえ「新自由主義」といった、つかみ所のない空恐ろしい市場原理主義の暴走を一方に見ながら、人間本来のもつ規律が壊れていくのを日々目撃している。

道徳的に言えば、戦後日本人から徐々に失われてしまった倫理観。筆者は日教組教育の直撃的な洗脳を受けてしまった世代だが、それでも「蛍の光」、「仰げば尊し」を唱って、涙した。

小学校の校庭か玄関にはかならず二宮金次郎の像が置かれていた。

自由を律する「神の見えざる手」は不在になった。「三歩さがって師の影を踏まず」という道徳律を教わって、それが当然の道徳、行動規範だと思ってきた。大学へ入って最初の衝撃は、学生が先生に噛みつき、ぼろくそに批判し、殴りかかっていたことだった。道徳、倫理がそこにはなかった。日本の何かが崩壊してしまった。

現代の若者をみていると、これらの価値観をみごとに失っている。卒業式で「蛍の光」も「仰げば尊し」も唱わない。歴史を何も知らないから、赤穂浪士の蹶起《けっき》の意味が分からない。平気で「太平洋戦争」(正しくは「大東亜戦争」)とか「天皇制度」(同じく「天皇伝統」)といったコミンテルンやGHQボキャブラリーを使う。先輩・後輩の秩序を重視するのは体育会系くらいで、年長者を敬うという感覚はほとんど喪失している。象徴的なのは、電車やバスで年寄りに席を譲る若者が殆ど居ないことだ。

自由をはき違えている結果である。弱者が平等を言い、それを擁護拡大したのがオバマだったが、自由とは激烈な競争のことを意味すると、古代からの原則を主張したのがトランプだった。

西尾氏は、「自由は光とともに闇です」と言う。

この場合、「光」と「闇」は自由と不自由の比喩的な意味である。

自由は量的概念ではもとよりなく、質と量の対立概念でもありません。光と闇も同じことで、両者は重なっているのです。光は同時に闇なのです。

現代人はとかく何かを主張するのに、何か別のものに依存するのではまだ真の自由ではないなどと言いたがる。（中略）完全な自由などというものは空虚で危険な概念です。素っ裸の自由はありえない。私は生涯かけてそう言い続けてきました。『個人』が自律的であるのは『社会』からの解放や自由や独立を意味してはいません。

西尾幹二『あなたは自由か』（ちくま新書）

そして西尾氏は「自由は物狂いの思想ですし、平等もまた狂気の思想です」と言われるのである。

「中国の大躍進」という幻覚が消えかけているというのに、深刻な精神の危機に現代日本人は直面している。

補遺

南太平洋でも対中国との戦いが始まった

▼パプア・ニューギニアでAPEC、西側の対中「巻き返し」が本格化

この小冊の擱筆にあたり、南太平洋における中国の野心的な策動ぶりを書き加えるべきであることに気がついた。

南シナ海の7つの島に軍事基地を造成し、その強引な覇権を露骨に示威している中国は、これまで米欧の「中庭」として保護され、或いは信託統治だった南太平洋の島嶼国家群にも「一帯一路」を標榜し、静かに着実に、忍び寄っている事実が分かったからだ。

パプア・ニューギニアは地政学的に言えばオーストラリアの縄張りに入る。

島の東西は、まっすぐ縦の国境線で分断され、西のインドネシアと分かれたが、かつて大航海時代の定石通りポルトガル、オランダ、英国と列強がやってきて交互に統治した。戦時中は日本軍が上陸したものの全島の占領に至らなかった。日本兵士らは飢え、風土病などで夥しい若者たちが命を落とした。

このパプア・ニューギニアは戦後、オーストラリアの信託統治から独立（1975）、大英連邦のメンバーである。日本より25パーセントも面積が広いにもかかわらず、人口は僅か800万人強。一人あたりのGDPは2200ドル足らずで最貧国の一つ。

突然、注目されたのはパプア・ニューギニアの首都ポート・モレスビーがAPECの開催地

となったからだ。
2018年11月17日からのAPECには習近平、プーチン、安倍首相、そしてモリソン豪首相、ペンス副大統領と29カ国から元首並びに元首級が揃い、同国始まって以来のお祭り騒ぎにもなった。しかし治安面で不安が大きいためポート・モレスビーにはオーストラリア軍が派遣され、厳戒態勢を敷いた。くわえて同空軍が空中を警戒、なにしろパプア軍は2100名しかおらず、空軍の装備はヘリコプターしかない。治安維持のためには先進国の全面協力が必要だった。

直後におきた大事件はファーウェイ（華為技術）に対する先進国からの排除の動き、おまけに同社CFO（財務責任者）の孟晩舟がカナダ当局に拘束され、怒り心頭の中国は元カナダ外交官を報復拘束という挙にでた。孟晩舟はファーウェイの創業者の妹で早くからカナダで暮らしてきた。自称「サブリナ」。

日本政府も欧米の対応に追随し、ファーウェイ製品の政府など公的機関からの締め出しを発表した。

カナダと同様にオーストラリアは中国への警戒心を強めた。

オーストラリア政府は中国資本による企業買収の阻止に懸命となり、つい最近も香港のCK集団のAPA買収を阻止した。APAは家庭用ガス・パイプラインの会社でありなぜ香港華僑の経営になるのかと安全保障が理由である。海底ケーブル工事へのファーウェイの入札も拒絶した。南西太平洋はオーストラリアの守備範囲と自認しているから中国の無神経な進出には神経質となる。

くわえて中国のＡＩＩＢに対抗するかのように、「南西太平洋インフラ銀行」を設立し、資本金22億ドルを投下するとモリソン首相は11月7日に発表した。このインフラ建設プロジェクトには米国、日本、ニュージーランド、そしてフランスと英国の提携があるとした。

中国の猛攻に明確な対応策がでてきたのだ。

米国は既に一帯一路に対抗して「インド太平洋ファンド」を増資して、本格的インフラ建設の協力をするとしている。

南西太平洋の範囲にはパプア・ニューギニア、ソロモン諸島、バヌアツ、クック諸島、フィジー、マーシャル群島などが含まれ、フランスはその先のポリネシア、とくにニュー・カレドニア、タヒチなどは植民地である。これらの島々に強い関心を寄せるのは国益上、当然だろう。

モリソン豪政権の構想は、南西太平洋に戦略的安定、主権保護、経済安定のためのインフラ、運輸の充実とエネルギー産業の育成、通信網の拡充をはかるべきであり、中国の一帯一路に正面から対峙するのだ。

これらの地域への２０１６年の支援実績はオーストラリア政府が8億ドル、ニュージーランドが1・9億ドル、世銀1・4億ドルなど。中国も1・4億ドルを注ぎ込んで、南西太平洋地域への投資を膨張させていた。

一方、影響力拡大をはかる中国はAPEC首脳会議の会場となったパプア・ニューギニアの国際会議場を支援して建てた。

開催前日に習近平は首都のポート・モレスビー入りし、トンガ、ツバル、フィジー、ソロモン諸島、マーシャル群島、バヌアツの8カ国の代表を集めて南太平洋、特にメラネシア、ミクロネシアを「一帯一路」構想に参入し大々的投資を行うと豪快な発言をなした。

米国以下、先進国の多くが不快感を露わにした。なぜなら南太平洋の島嶼国家は米国の信託統治も多いが、ニューカレドニア、タヒチはフランス領であり、クック諸島はニュージーランド、いずれも大英連邦である。

かくしてパプア・ニューギニアにおけるAPECの議論はもつれにもつれ、物別れとなった。初めて「首脳声明」（共同声明）が出せないという異常事態のまま閉幕した。

この流れはリオ・デジャネイロのG20首脳会議にもつれ込み、米中決裂の溝はもっと深まった。トランプ大統領は習近平に90日間の猶予を与えた。ということは1月末までに画期的改革プランを明示する必要があるが、中国得意の引き延ばし、言い逃れもこんどばかりは通じないだろう。

中国は「保護貿易主義はよくない。一国主義は良くない」と自分のことを一切棚に上げてトランプの貿易政策を間接批判したが、冷笑されただけだった。

事態はさらに進んで米豪両国がパプア・ニューギニアに海軍基地を復活することが決まり、中国の海の脅威に共同で対応することが決まったのだ。

ペンス米副大統領とモリソン豪首相は北海域にあるマヌス島のロンブルム港を再開発し、海軍基地をするとした。マヌス島は人口わずか6万人、ほとんどの島民が漁業と果物栽培などに従事しているがパプア・ニューギニアのなかでも最貧地域とされる。しかし西側にとってシーレーンを防衛する後衛の役目を果たす重要なポイントなのである。

ペンス米副大統領は「日本とも協力し、鉄道、道路、通信網、エネルギー基地と電力の供給プロジェクトなどのために別途100億ドルを予定している。いずれもインド太平洋戦略を重視するためだ」と発言した。こうした動きから分かることは西側列強が南太平洋の島嶼国家の戦略的重要性に鑑み、世界史の地政学的ゲームの梃子入れをはかっていることである。

▼ニュー・カレドニア住民は「独立」に反対票を投じた

この海域はあまりにも宏大なため、ほかにも様々な島嶼国家がある。

フランスにとってニュー・カレドニアは「お荷物」と化けた。

ニュー・カレドニアが独立して呉れるとフランスは経済的負担、とくに防衛義務から逃れられる。だが、それを見越してカレドニア住民は「独立」に反対票を投じた。11月4日、フランスとの「ヌーメア協定」に従って20年間延期されてきた「独立か、否か」を問う住民投票が行われ、57パーセントが「独立反対」とした。有権者は17万４０００人、うち80パーセントが投票した。

嘗てニュー・カレドニアを「天国に一番ちかい島」などと浮かれたことを書いた女流作家がいた。このため日本からのツアー客が多かった。かくいう筆者も30年ほど前にニュージーランドからの帰路、ヌーメアから先の便が満席のためにニュー・カレドニアに一泊を余儀なくされた体験がある。現地人カヌックは肌黒く、凶暴そうな顔つきで、イメージと違う、天国に近いなんて嘘だろうと思ったものだった。

空港から首都のヌーメア（人口10万人）までバスで一時間、町には瀟洒なホテルに居酒屋、すき焼きや料亭もあった。その後、おなじフランス領でもタヒチに直行便が飛ぶようになり、ニュー・カレドニア観光ツアーは廃れた。住友鉱山は特産だったニッケル鉱山を閉鎖し、撤退した。

珊瑚礁は世界遺産、面積は四国ていど。海浜リゾートは近年、中国人ツアーが夥しく海洋汚染が懸念されるようになった。

フィジーのマグロ漁場が中国に狙われた。

フィジーもまた南太平洋に浮かぶ珊瑚礁の島々からなる。紺碧の空の下、のんびりと椰子の葉陰でバナナ、悠々自適で暮らそうとばかり老後の夢を描いた人々にとって真っ青になる動きが出た。

中国の目標は、ずばりマグロ乱獲の拠点化だ。

フィジーは北をツバル、西にバヌアツ、東がトンガを見渡し、原住民のフィジー人が57パーセント、インド系が38パーセント、ここへ華僑が雪崩れ込んで5パーセントくらいの人口比となった。中国からの観光客は年間一万人以上、いまでは中国各地からの直行便も飛んでいる。

中国政府はインフラ整備の援助、道路建設、水力発電所。そしておきまりのように大統領官邸を建設し、提供した。現在は塀囲いを無償で建設中だ。

元海軍司令官で現職の首相はフランク・バイニマラマ。過去二回のクーデターの首謀者でもある。本人は大英連邦への復帰を夢見る。

このフランク・バイニマラマ首相が親中路線を突っ走る。なぜならオーストラリア政府とニュージーランドの外交政策の失敗であり、両国の外交官が国外退去を命じられ、もっとも重要な国との外交が途絶えたからだ。チャンスをいかす中国はみごとにタイミングと捉えた。

中国はマーシャル群島にも照準を合わせていることが分かった。

「マーシャル群島に『オフショア市場』を創設しよう」というのが中国の言い分で、同国のヒルダ・ハイネ大統領は「そうした動きに反対する私の政権に介入し、（中国が間接的に）排除しようとしている」と爆弾発言を繰り出した（シドニー発『アジアタイムズ』11月14日付）。

マーシャル群島は1914年から1945年まで日本の信託統治だった時代があり、長老のなかには日本語が流暢な人々もあって親日的な島嶼国家だ。そのうえ国連で一票を持ち、台湾とは外交関係があるという不思議な政治位置にある。

焦点があてられたのはラリック列島のロンゲリック環礁である。ここに「ドバイのような金融センターを建設しよう」というのである。実際に議会は元議長や元首相ら有力者が推進チームを組み、ハイネ大統領の解任を緊急動議、16対16となって結論は持ち越された。

「中国のカネがマーシャル群島の政治安定を損ねようとしている」と彼女は訴えた。事情通は「仮想通貨の導入をめぐる混乱」と弁明したが、ハイネ大統領は否定し、「ひとつの珊瑚礁の環境を破壊し、中国が金融の特区を造ろうとしているのだ」と訴えた。というのもロンゲリック環礁は住民がわずか22名。この環礁にある日、突然、中国資本がやってきて1000戸の別荘をたてたのだ。

永住権が付与される投資ヴィザを要求したが、マーシャル群島の憲法では別の法律が適用される島は認められないとした。

ビキニ環礁を思い出す読者が多いかもしれない。マーシャル群島は南北に長く、ビキニはやや北東、１９５４年、ここで米軍は大爆実験を行い、ビキニは久しく核汚染のため未開発だった。ロンゲリック環礁はその近くに位置する。僅か5万３０００人のミニ国家ゆえに親戚とか部族の依怙贔屓が政治の駆け引きお基軸となりやすく、理想やイデオロギーは程遠い論争、もっとも外交安全保障は独立後もアメリカ任せであり、米軍基地がある。

ことほど左様に、従来軽視されてきた南太平洋の、とりわけミクロネシア、マイクロネシアの島々にまで中国は一帯一路プロジェクトを持ち込んだのである。

アメリカばかりか西側が、この脅威を前により強い団結を見せ始めたのも当然の流れといえる。

◆著者◆
宮崎　正弘（みやざき　まさひろ）

昭和 21 年、金沢市生まれ、早稲田大学中退。

「日本学生新聞」編集長などを経て、貿易会社を 10 年間経営、世界各地を飛び回った。

昭和 57 年に『もう一つの資源戦争』（講談社）で論壇へ。

国際情勢、経済の分野に強く、適確な予測には定評がある。歴史に通暁し、『吉田松陰が復活する』（並木書房）、『西郷隆盛』（海竜社）、また小説では『拉致』（徳間文庫）など。文藝評論では『三島由紀夫の現場』など三島論が 3 冊。

『中国の悲劇』以後、チャイナウォッチャーとしても活躍し、中国全 33 省を踏破、周辺の国々など 100 カ国を取材した。

つねに現場からの報告を重視して旺盛な執筆活動を続ける。最近の話題作は『習近平の死角』（育鵬社）、『アメリカの「反中」は本気だ』（ビジネス社）など多数。


日本が危ない！一帯一路の罠　マスコミが報道しない中国の世界戦略

平成 31 年　1　月 13 日　第 1 刷発行

著　者　宮崎　正弘
発行者　日高　裕明
発　行　株式会社ハート出版

〒 171-0014 東京都豊島区池袋 3-9-23
TEL.03（3590）6077　FAX.03（3590）6078
ハート出版ホームページ　http://www.810.co.jp

定価はカバーに表示してあります。

ISBN978-4-8024-0073-2　C0031
乱丁・落丁本はお取り替えいたします。ただし古書店で購入したものはお取り替えできません。

印刷・製本　中央精版印刷株式会社

大東亜戦争　失われた真実

戦後自虐史観によって隠蔽された「英霊」の功績を顕彰せよ！

葛城 奈海・奥本 康大 共著

ISBN978-4-8024-0070-1　本体 1600 円

大東亜戦争
日本は「勝利の方程式」を持っていた！

茂木 弘道 著

ISBN978-4-8024-0071-8　本体 1500 円

静かなる日本侵略

中国・韓国・北朝鮮の日本支配はここまで進んでいる

佐々木 類 著

ISBN978-4-8024-0066-4　本体 1600 円

軍艦島　韓国に傷つけられた世界遺産

「慰安婦」に続く「徴用工」という新たな「捏造の歴史」

松木 國俊 著

ISBN978-4-8024-0065-7　本体 1500 円

復刻版　一等兵戦死

戦後ＧＨＱによって没収・廃棄された幻の“名作”を完全復刻

松村 益二 著

ISBN978-4-8024-0064-0　本体 1500 円

日本大逆転

元東京・ソウル支局長 ヘンリー・ストークスが語る日朝関係史

ヘンリー・S・ストークス 著　藤田裕行 訳・構成

ISBN978-4-8024-0056-5　本体 1500 円